らんまんの笑顔
「人間・牧野富太郎」伝

語り下ろし／谷 是

書留／谷村鯛夢

集英社

東京帝国大学理学部・植物学教室の助手室で資料や標本に囲まれる富太郎。明治33(1900)年、38歳の頃。

草の上に座し、草と同化したかのように祈る富太郎。昭和16 (1941) 年、川崎市登戸にて。富太郎、79歳の頃。

オニバスの幼株を首からぶら下げて、「らんまんの笑顔」の富太郎。昭和14(1939)年、77歳の頃

東京・大泉の自宅にて、晩年の富太郎。90歳を超えてなお、研究、標本資料整理に没頭した。
「いつまでも生きて仕事にいそしまん　また生まれ来ぬこの世なりせば」

らんまんの笑顔

「人間・牧野富太郎」伝

語り下ろし／谷　是

書留／谷村鯛夢

はじめに

谷　是《ただし》

私自身、学者でもありませんので、植物学とか、分類学とか、そういった専門分野方面の話はさておき、ということになります。ただ、私も昭和14（1939）年に高知県に生まれた人間ですので、郷土の大先輩、土佐出身の世界的な学者、大変えらい人ということで「牧野富太郎」の名前は小さいころから聞かされておりました。

これは私自身の、きわめて個人的な思い出になりますが、高校時代の生物の先生で、上《かみ》村登《むらみのる》という方がいらっしゃいました。この上村先生が自分の専門分野の大先達ということで牧野さんを非常に尊敬していて、ずいぶん早い時期に『牧野富太郎傳《でん》』（初版1955年、六月社）という本を出されています。

そして、戦後もようやく落ちついてきた昭和28年ごろですか、初めて高知―大阪の空路が開かれた。このタイミングを得て、上村先生を中心に、尊敬する東京の牧野先生に郷土の美味ヤマモモの果実を贈ろうではないか、という話になりました。もちろん、牧野博士も、ヤマモモは大好物。

ヤマモモは高知県の県の木にもなっている土佐人にはなじみ深い初夏の味なのですが、

ただ、足が早いといいますか、美味が保たれる時間が極めて短い。時間が経《た》てば経つほど見た目も弱っていく。そういう果実ですが、飛行機便を活用すれば東京に届けても大丈夫だろう、高知からの空路が開けたときに、というのはそういう判断があったのでしょう。そうして、東京・大泉《おおいずみ》の牧野先生宅に届けられたヤマモモに、先生は大喜びしてくれた。ヤマモモを手に満面の笑みを浮かべる牧野博士。あの、万人を魅了する牧野スマイル、まさに「らんまんの笑顔」ですが、高知新聞に掲載されたその写真を見て、私は一瞬にして牧野富太郎という人の大ファンになってしまったわけです。

大学卒業後、高知新聞に勤めながら土佐、高知県の郷土史を研究する中で、牧野富太郎という稀代《きたい》の人物の魅力にますます魅《ひ》かれることになっていきました。まったく、深間にはまった、という感じであります。

以来、60有余年、小学生に聞かせる講話から年配者対象の市民講座まで、世界で一番「牧野富太郎」のことを語った男じゃなかろうか、と言われるような老人となりましたが、今再び、「世界のマキノ」へ注目が集まっていることに深い感慨を覚えざるをえません。

ＡＩやらバーチャルやらが喧伝《けんでん》される時代に、独学、苦学、ひたすら自分が好きなことに没入し、世界的な成果を得た一人の貧乏学者、あるいは土佐の「いごっそう」の多面的な生き方、生涯をもっともっと多くの方々に知ってもらいたい。そうした気持ちで、本書刊行への一歩を踏み出しました。

私の牧野関連の思い出の中で、二つの大きなエピソードがあります。一つは、高知新聞社が主催した平成4（1992）年の高知大丸百貨店での「牧野富太郎展」。生誕130年記念と銘打ったこの催事企画の折に、私は四女の玉代さんをはじめ富太郎のご家族の方々と親交を結ぶことができました。そして、富太郎のエピソードも様々にうかがいました。

また、取材や企画遂行の中で、地元佐川《さかわ》の関係者や博士の弟子と言われる方々から諸々《もろもろ》のエピソードをうかがうことができたことも忘れられません。

もう一つは、その動向が全国的な注目を集めていた橋本大二郎知事の二期目のスタートのころのこと。

高知県立牧野植物園は1958年、昭和33年に開園していましたが牧野富太郎の業績のすべてを伝えるためには、今一つ不足している部分がありました。それは、研究分野、あるいは資料保存・公開の分野です。その充実のためにはそれにふさわしい施設が必要だということは明白でした。

そこで、友人であった当時の里見剛園長の依頼もあって、僭越《せんえつ》ながら、私が県議会の研修会で演説を打《ぶ》つという次第に相成りました。

それまで、「県立の植物園はぜいたく品じゃ」などと声高に言う議員たちもいて、なかなか内部からでは予算が通らない。一度、外部の声も聞かせてくれ、というわけです。

「なんということか。世界の牧野が寄贈してくれた蔵書や遺品が5万8千点。そのうち約4万5千冊の蔵書の中には世界的な稀覯本《きこうぼん》が相当数含まれている。また、譲り受けた植物標本が40万点。それらは富太郎だけでなく、牧野家の皆さんが命をかけて入手、保存してきたものであり、ともに、数億円単位の価値のあるものである。この世界に誇るべき貴重な品々が、せっかくこの地に在りながら、ほとんど人々のお役に立つこともなく、したがってしかるべき評価を受けることもなく、植物園の奥深くに眠ったままである。これをこのままにしておくのは、世界の植物学、世界の学問世界は言うに及ばず、世界の文化全体の損失であり、まさに高知県の恥と言えるのではないか。高知県は、牧野博士を生んだというだけでなく、博士が遺《のこ》してくれた偉大な業績を、今の時代に生かさなくてはならないのではないか」

この演説が功を奏したかどうかは分かりませんが、結果、県の予算が立ち、設計を高名な建築家内藤廣さんに依頼、1999年に植物園に付設して「牧野富太郎記念館（本館・資料館）」が完成。現在の素晴らしい運営形態につながっていきました。

ある人は「牧野富太郎の学問は、岩塩だ」と言います。どういうことか。岩塩は、純粋な塩の結晶ではありません。さまざまな夾雑物《きょうざつぶつ》が混ざっています。しかし、その夾雑物のおかげで、岩塩には何ともいえぬ味と深みがある。牧野の学問は、そういうものじゃなかろうか、というわけです。私も、その通りじゃと思います。

牧野富太郎が生まれて160年、明治、大正、昭和、平成、令和と日本の社会も大きく変化しました。日本という国の世界的な位置づけも大きく変わりました。

ただ、そうした中でも、変わらないものがある。それは何か。牧野富太郎という一人の男の、好きなことだけをやり通した学者の生涯ではないか。

あるいはひょっとしたら、70年近くも前に94歳の最晩年まで現役を通した一人の人間の足跡そのものが、超高齢化社会の日本、「人生百年時代」と言われる21世紀の日本における鮮明なロールモデルになりはしないか。

そんなことを今思いながら、私が研究し、また牧野富太郎に関わった方々から直接うかがった話などを総合して、私なりの「人間・牧野富太郎」伝を語り下ろしてみたいと思っております。

お話は、風雲急を告げる幕末の土佐、あの坂本龍馬が脱藩の道をひたすら走っているそのときに、高知の城下から約七里、30キロほど北西に離れた佐川という小さな山間《やまあい》の町で、裕福な酒造家に一人の男の子が生まれたところから……。

目次

第一章 「乳母《おんば》日《ひ》傘《がさ》」の少年

第二章
植物を師匠として

第三章 青雲の志を抱いて、東京へ

第四章 壽衛《すえ》との出会いと人生の暗転と

第五章 壽衛《すえ》と富太郎の貧乏物語

第六章 牧野富太郎を助けたい

第七章 昭和天皇が「牧野は元気にしておるか」と

カバー／牧野富太郎、20歳の頃の肖像写真

カバー・帯・口絵写真／高知県立牧野植物園所蔵
挿画／谷　是

第一章

「乳母日傘《おんばひがさ》」の少年

「名字帯刀」を許された裕福な酒造家の一人息子

牧野富太郎の故郷、高知県は、奈良・平安の時代からずっとほぼ同じ地勢で「土佐一国」として続いてきたところです。

戦国時代は長宗我部《ちょうそかべ》氏の領地となり、関ヶ原以降、徳川幕藩体制では山内家24万石の「土佐藩」と呼ばれ、幕末には坂本龍馬や中岡慎太郎をはじめとする、いわゆる〟維新の志士〟を輩出して明治維新を迎えています。

地理的には、南に黒潮洗う太平洋、北に峻険《しゅんけん》な四国山地が迫り、四国の中でも一種隔絶された地域であります。もっと言えば、日本の僻地《へきち》。

太平洋に向かって左右に翼を広げたような「土佐」のほぼ真ん中に、地域の中心地であり、「お城下」と言われる高知の市街地があります。この「お城下」高知から北西へ、富太郎の言葉で言えば「七里ほど」離れた山間にあるのが富太郎が生まれた町、佐川《さかわ》。

佐川は、藩主山内家の重臣、筆頭家老である深尾家が治める領地ということで、いわば深尾家の小さな城下町。土佐藩の中でも特別な地域になっております。

この深尾家が、教育にも理解の深い、文武両道を勧めた良い殿様であったことも覚えておいていただきたいと思います。

富太郎の生家牧野家は、佐川ではよく知られた「造り酒屋」で雑貨商も営んでいた素封家。屋号は「岸屋《きしや》」といって、もともとは紀州にルーツを持つ家です。

なぜ「岸屋」というのか。これは、紀州、和歌山県のいわゆる紀北地域に貴志川町《きしがわちょう》という町がありますが、こちらの出身だということに由来があるようで、そこから深尾家に従って土佐にやってきた家柄。

そういう経緯もあって、岸屋の牧野家は「名字帯刀」を許された深尾家の御用商人、町人でも非常に格の高い商家で、豪商と言ってもよい裕福な家であったようです。

佐川には「西谷《にしだに》の湧き水」と言って、大変良い水がある。現在も、酒の国土佐を代表する銘酒として佐川・司牡丹《つかさぼたん》酒造の「司牡丹」が知られていますが、明治初期には牧野家の岸屋をはじめ四、五軒の造り酒屋が存在していたということで、そのうちの1軒が牧野家の岸屋でありました。

そうした、さらさらと清流が流れる山紫水明の地、土佐の小さな盆地の町の造り酒屋に一人の男の子が生まれたのが、文久2（1862）年の4月の24日。この4月24日というのは旧暦の日付で（現在の新暦では5月22日）、富太郎自身が自伝などにもそう書いている生年月日です。

ただ、これとは別に、富太郎の臍《へそ》の緒《お》を入れた箱に一緒に入っていた書付に記されていた「生年月日」というものがある。そこには父親の牧野佐平《さへい》の字で「4月26日　亥《い》の刻に出生」と、こう書いてある。また他にも、富太郎自身が書いた履歴書には「4月22日」という「生年月日」もある。

時代は江戸末期ですから、昔の人はおおらかなもので、どれが本当か、それは分かりませんし、生年月日に三つの説があるというのも、牧野富太郎の波乱の生涯にふさわしいエピソードなのかもしれません。

また、これは当時の慣習、いわゆる幼名というものだったのでしょうが、富太郎は生まれたときからしばらくの間、成太郎《せいたろう》という名で呼ばれていますね。

いずれにしましても、佐川の西町の見附《みつけ》、見附というのは通りの突当りを言うわけですが、その一角にある岸屋に男の子が生まれた。それが文久2（1864）年の4月の下旬。そして、この少し前に、あの坂本龍馬が佐川の斗賀野《とがの》の峠を越えて国境の檮原《ゆすはら》へ走り、いうところの「龍馬脱藩の道」を通って、「土佐の龍馬」から「日本の龍馬」へ羽ばたいていきました。富太郎が生まれた文久2年というのは、そういう時代だということです。

こうした歴史的背景から見れば、牧野富太郎という人間の位置づけは、まず「遅れて来た青年」ということができるのではないか。私はそう思っております。

「遅れて来た青年」たちの、世界への思い

幕末から明治維新にかけて活躍した土佐出身者、関係者については、この坂本龍馬をはじめ、武市半平太《たけちはんぺいた》、中岡慎太郎、吉村寅太郎《とらたろう》、後藤象二郎《しょうじろう》など多くが数えられますし、佐川からもいわゆる「維新の志士」を輩出しています。

彼らはみな天下国家を論じ、自分が日本を背負う気概を持ってことにあたり、命がけで時代を走り抜けました。

そうした彼らの後に生まれ、彼らが明治という時代を作った後に成長期を迎えた富太郎たちのことを、あえて「遅れて来た青年」と呼んでも間違いはないだろうと思います。

では、「遅れて来た青年」である富太郎たちは、自分たちの時代に何をしなければならなかったのか。

それは、当時においては世界の後進国であった日本において、自分が関わる分野を世界に伍《ご》していけるレベルまで引き上げることではなかったでしょうか。

徳川幕藩体制を打倒して発足した明治政府は、まず「富国強兵」「殖産興業」を国家目標として掲げました。そして、キーワードは「文明開化」。一刻も早く欧米列強の世界水準に追いつかねば、ということです。

こうした国家主義的な意識は、社会のあらゆる分野にも浸透していきました。もちろん、富太郎が関わった「学問」の分野でも同じであります。

日本の学問を何とかして世界のレベルまで持っていきたい。一刻も早く、追いつきたい。自分の関わっている分野の日本代表として世界に向かう、そういう「学問の国家主義」と言ってもいいような時代の気分があったように思います。

奇《く》しくも、という言い方がいいのかどうか分かりませんが、富太郎が生まれた文久2年の10月、同じ佐川の町に広井勇《ひろいいさみ》が生まれています。

広井勇は東京大学工学部の前身である工部大学校や札幌農学校で学んだあとアメリカに渡り、鉄道や橋梁《きょうりょう》建設の実際を身をもって学び、帰国後は函館《はこだて》港や小樽《おたる》運河などを作った世界的な土木建築学者です。

佐川のような小さなゾーンから、同じ年に生まれた二人の男の子が、のちのちに世界的な学者になった。私はこのことに、明治的なもの、国家を背負って何事かをなす、という生き方の典型を見るような気がしております。

牧野富太郎は、後年、世界的な植物学者、「世界のマキノ」と称されるようになるわけですが、明治、大正、昭和の三代を生きた生涯の中で何をなした人であるのか。

私自身は、結論をひとことで言えば「日本の植物学を世界レベルに向上させた人」だというふうに思っています。

明治の初期のころ、当時日本には約６千種の植物があると言われていましたが、そのうちの１千種に命名し、６００種の変更分類をやった。それまで適当な名前で呼ばれていた日本の草花に世界で通用する学名をつけてやったということです。

まあ、これだけでも大変な業績ではあるのですが、それと同時に植物への学問的、科学的関心を大衆の中に広げていった。この活動も特筆されるべきことだといえるでしょう。

富太郎は、大衆を巻き込む形の「植物同好会」「探草会」といったフィールドワークや講演会を精力的に行いました。そして、その中から多くの人材、弟子も育っていきました。

学問的な面だけでなく、こうした面からも「日本植物学の父」と称されるにふさわしい人物だったと言えるのではないでしょうか。

　また、そういった植物への関心、興味を学問的、科学的に定着させるために「図鑑」という新しい形の書物を制作、刊行し続けたことも大きな業績だと思います。

「牧野の植物図鑑がいつも手もとにあった」「牧野植物図鑑にはずいぶんとお世話になった」。こういう人は私たちの周りにたくさんいます。牧野と言えば「植物図鑑」。それほど、富太郎と図鑑は一体化して語られています。

　あとで話をすることになりますが、図鑑の牧野、牧野の図鑑の決定版と言われる『牧野日本植物図鑑』が昭和15（１９４０）年に北隆館という出版社から刊行されます。この図鑑の出版によって、牧野富太郎の名声は決定的なものとなりました。

　このとき、牧野富太郎78歳というのも驚きですが、さらにびっくりすることは、それから延々80年、この書物が現在も売れ続けているという事実。ほんとうに、化け物のような書物というほかありませんね。

　では、富太郎自身にとって、こうした草花、植物への関心、興味はどこから生まれたものなのでしょうか。富太郎の「草花好き」の原点、そのあたりの話を次の項で掘り起こしてまいりましょう。

ひ弱な身体へ「お灸の痛さ」

富太郎の父親の佐平さんは牧野家に養子に入った人のようですが、富太郎が3歳のころに病死してしまいます。そして、お母さんの久壽《くす》さん、この人がまた富太郎が5歳のころに病を得て世を去ってしまう。本当に、あれあれっという間に両親を失ってしまった富太郎は、兄弟姉妹なしの一人っ子としてこの世に取り残されてしまったわけです。

運命のいたずらとはいえ、あまりに肉親の縁が薄い。可哀そうというほかはありません。ですから、富太郎にはいわゆる親の愛を感じる時間、記憶する時間がなかったといってもよいかもしれません。

ここで大黒柱として牧野家を支えたのが富太郎の祖父の小左衛門《こざえもん》さん。この人は大きな商家の主人らしく、ずいぶんとしっかりした人でした。しかし、牧野家の不運はさらに続いて、この小左衛門さんも富太郎が6歳の時に亡くなってしまう。

時代の流れとしては、この年、慶応4（1868）年の秋に元号が明治に変わって、明治元年となります。そして、ちょうどその明治と改元された年に、不幸続きの牧野家のただ一人の跡取り息子成太郎は、富太郎と改名していますね。

両親がいない。頼みのおじいさんもいなくなった。佐川の名家、牧野家に残った〝男〟は、富太郎という小さな子供だけ。ここで、こうなったからにはと気を引き締めたのが富太郎のおばあさんの浪子《なみこ》さんでした。

浪子さんは、近郷の高岡という町から小左衛門さんの後妻として牧野家に来た人。ですから、富太郎とは血のつながりはない。しかし、浪子さんも旧家、名家と言われる牧野家に後妻で来た人ですから、気持ちもしっかりした人だったんでしょう。しかも、和歌を詠んだり、国学の知識もあるという非常に聡明《そうめい》な人。

この浪子おばあさんが、こうした不運続きの中で、「孫の富太郎を何とか一人前の商人にしなければならない、岸屋の立派な跡継ぎに育てなければならない」と決心したんですね。そして、その決意が、浪子さん生涯の悲願となりました。

一生懸命に富太郎の面倒を見ることが、生きがい。それはそれでよいのですが、ただ、そうした思いが強すぎるとどうなるか。

世間には「乳母日傘《おんばひがさ》」という言葉がありますね。甘やかされてというニュアンス含みで大事に育てられることを言いますが、子供のころの富太郎はまったくもってその状態。

土佐弁で「買《こ》うちゃる」という言い方がありますが、富太郎が「あれが欲しい」と言えば買ってやる。「これも欲しい」と言えば、すぐに買ってやる。何でも「買うちゃる」「買うちゃる」で、それこそ蝶《ちょう》よ花よの子育てといいますか、孫育て。典型的な「乳母日傘」。そういう家庭環境でありました。

子供が何か言えば、言った通りに叶《かな》えてやる。そういう育て方する。富太郎からすれば、そういう育て方をされた。

たとえば、富太郎が7、8歳のころのこと。当時は非常に高価なものであった懐中時計を、浪子おばあさんは言われるままに富太郎に与えた。そしてしばらくして、「あれはどうした？」と聞くと、バラバラに分解したという。

そこで浪子おばあさんは「こんな高価なものを、どうして」と言って叱ったかといえば、そうではない。それどころか、ひとことも文句を言わなかった、と伝えられています。

これは、普通に捉えれば典型的な「乳母日傘」の子育てを物語るエピソードということになるでしょう。しかし、後年の富太郎を見れば、浪子おばあさんはこの子の探求心を大事にした、研究熱心なところを認めようとした、と言ってもよいかもしれません。

牧野富太郎という稀代の業績を残した人の基本的な性格を考えるとき、こういう育て方をされたということがかなり大きな影響を及ぼしているのではないか、と思います。

浪子おばあさんとしては、ただただ一生懸命なだけ。この子を何とか立派に育てなきゃいかん、そういう気持ちだけ。

不運、不幸が続いた家だけに、浪子さんのこの気持ちは分からないではありません。富太郎のつつがなき成長は、まさに浪子さんの悲願というものだったでしょうね。

幼いころの富太郎は虚弱体質、身体の弱い子供だったようで、このことも浪子さんの「乳母日傘」に輪をかけたのではないでしょうか。そのころのことを語る富太郎の思い出話には、いつも浪子おばあさんとお灸《きゅう》のことが出てきます。

「おばあさんのことというたら、お灸をすえられたことをいつも思い出す。まあ、痛かったこと、痛かったこと。その痛さは今もよう忘れん」

富太郎は後年まで、いつもこんなふうに語っておったそうです。よほど痛かったんだろうと思います。

そのころの富太郎につけられたあだ名は「西洋のハタットウ」。「ハタットウ」というのは、土地の言葉でバッタのこと。それがなぜ「西洋ハタットウ」なのかと言えば、富太郎がやせていて、手足が長くて、しかも目が大きくて鼻が高いから。つまり、西洋人っぽい

祖母浪子は、富太郎の虚弱体質を治そうと蔵男に押さえつけさせて灸をすえた。
その痛かったことは今も忘れられないと後年、富太郎は語っている。

風貌のバッタ、ということで「西洋ハタットウ」。

「おーい、岸屋の西洋ハタットウ（西洋バッタ）が来よるぞ」

そんなふうに言われ、からかわれるような、ひ弱なイメージの子供だったわけです。ですから、浪子おばあさんは心配で仕方がない。何とか丈夫な身体にしなければならない。そこで、お灸を、ということになる。

造り酒屋の家ですから、酒蔵で働く力自慢の屈強な蔵男がいっぱいいる。その男たちに嫌がる富太郎を押さえつけさせておいて、せっせとお灸をすえていく。

富太郎が「よう忘れん」という光景が、そこにあったんですね。

一人で遊ぶ子、よくできる子

浪子おばあさんの「立派に育て」「丈夫に育て」という悲願の中で、10歳になった富太郎は寺子屋で「読み書き」を習うことになります。明治5（1872）年のことです。

この年に東京の新橋と横浜の間に鉄道が開通していますが、前年には廃藩置県の断行、郵便制度の発足と、「汽笛一声新橋を……」の鉄道唱歌とともに明治日本の文明開化は加速していきます。

岸屋のある西町の近くに土居謙護《けんご》という手習いの師匠がいて、岸屋の富太郎はこの人が開いていた寺子屋に入ります。そこで、いろは、読み書きを習うわけです。江戸時代から明治初期の町人の子供としては、ごくごく普通の話です。

ただ、普通でなかったのは富太郎の聡明さ。この人は幼少のころから非常に頭脳明晰《めいせき》、その優秀さはすぐに分かった。いわゆる、一を聞いて十を知る、というタイプですね。

しかし、富太郎は寺子屋が終わって家に帰っても家族はいない。遊んでくれる兄弟姉妹もいない。自《おの》ずから、一人で裏の山に上がって周りの自然と親しむといいますか、草花と遊ぶ。そういうことになっていったわけです。

岸屋、牧野家の裏手には近在の人に「金峰《きんぷ》さま」と呼ばれている金峰神社がある。いわゆる氏神様。

この山は今でも植物の宝庫なんですが、富太郎はそこへ行って蝶と遊び、花と楽しむ。ときに気に入った草花を採集してくる。これが当時の富太郎の唯一の楽しみ、唯一の喜びであったのであります。

こういうことを思いますと、私はあの『ファーブル昆虫記』のジャン・アンリ・ファーブルが頭に浮かんでくるんです。

皆さんよくご存じのフランスの博物学者ですが、この人も父親、母親との縁が薄く、3歳の時から山村に住む祖父母のもとに預けられ、そこで育ちました。そして、そのことがファーブルの人生に大きな影響を与えた、と言われています。

ファーブルに比べ裕福な家であったとはいえ、のちの世界的植物学者牧野富太郎もファーブルと同じく家族環境に恵まれない中、一人で自然を相手に楽しむ、そこに喜びを見つけていく、そういう少年だったように思います。

「佐川山分に学者あり」

そうしてこうして、明治6(1873)年になりまして、11歳の富太郎は伊藤蘭林《らんりん》という儒学者の塾に入ることになりました。

「佐川山分《さんぶん》に学者あり」。山分とは「山の中」「山間」の意味ですが、こう言われたように、伊藤蘭林は土佐だけでなく、広く世間に知られた漢籍、漢学の大家でした。

伊藤蘭林先生は、幕末から明治維新にかけて大きな影響力を持ったあの水戸学派の高名な学者でもありました。そして、これもその当時のいわゆる「尊王攘夷《そんのうじょうい》派の志士」たちの必読の書と言われた頼山陽《らいさんよう》の『日本外史』や『日本政記』の講義をやる。「尊皇攘夷」の水戸学を鼓吹する。こういう人物であったわけです。

佐川あたりから出た「勤王の志士」と言われる人物は、みなこの伊藤蘭林の門弟でありました。中で、一人紹介するとすれば、やはり田中光顕ということになりましょうか。

田中光顕。名前の方はよく「こうけん、こうけん」と言われますが、正しくは「みつあき」、「たなかみつあき」ですね。明治の元勲の一人で、警視総監、侍従長、学習院院長などを務めたのちに伯爵、宮内大臣となり、明治天皇の側近、宮廷政治家として幅広い影響力を持ちました。

佐川の殿さまである深尾家の家臣の家に生まれた田中光顕は、長じて武市半平太の土佐勤王党に加わって倒幕運動に傾倒。

慶応3（1867）年11月15日に坂本龍馬と中岡慎太郎が暗殺されたとき、真っ先に現場に駆け付けて、中岡亡きあとの土佐陸援隊副隊長を務めます。

そして、戊辰《ぼしん》戦争を戦い、明治維新以降は、先に紹介したような活動を続けながら、志半ばで倒れた維新の志士たちの顕彰《けんしょう》と遺族の救済に尽力した人物です。

ただ、笑い話ではありませんが、田中光顕は司馬遼太郎さんなどにはあまり良く書かれていないせいか、今一つ人気がない。しかし、この人がいなければ光が当たらなかった維新の志士はたくさんいると思います。このことがまず大きな功績。

それだけでなく、少なくとも土佐・佐川の「青山文庫《せいざんぶんこ》」、茨城県・大洗《おおあらい》の「常陽明治記念館（現・幕末と明治の博物館）」、東京の「旧多摩聖蹟記念館」を作り、幕末・明治維新の貴重な遺品、資料を残したことは大きく評価されるべきだろうと、私は考えているのですが、いかがでしょうか。

この田中光顕の名前は、牧野富太郎を語るうえでも重要なポイントになりますので、ぜひ覚えておいてほしいと思います。

さて、いずれにしましても、優秀な先生が、優秀な生徒を教える。こんな素晴らしいことはありませんが、伊藤蘭林と牧野富太郎は、まさにそういう師弟関係でした。

10歳を過ぎたばかりの少年でありながら、この優秀な弟子は、一度読んだものはすっと頭に入り、またすらすらとそれを披露することができる。素読から始まって、ぐんぐんと学力を伸ばしていく。『四書五経』しかり、また『論語』しかり。

そうするとすぐに、「この子はよい」「牧野の富太郎はなかなかよくできる」という評判が高まり、「それでは、まだ小さい子じゃが名教館に入れたらどうか」ということになってまいります。

「本立ちて道生ず」

名教館と書いて、「めいこうかん」と読む。ここは、佐川・深尾家の家臣の子弟を教育する、いわば「藩校」です。ですから、明治維新の後、いったん閉鎖になっております。

そしてあらためて、土佐藩の藩校であった「致道館《ちどうかん》」の分校としての教育機関となった。そういう経緯をたどっていますから、富太郎の場合は、名教館の学舎で学んだ、というべきかもしれません。

しかし、一番重要なのは、その教育機関に先の伊藤蘭林をはじめ名教館時代からの素晴らしい先生方、有能なスタッフと教育レベルが残っていたこと。

ここで富太郎は、基本となる漢学のほかに、西洋算術、窮理学《きゅうりがく》（今の物理学）、あるいは万国地理、人体生理学、経済学、天文学、世界歴史、さらに英学といった文明開化につながる諸々の学問を名教館の先生方に習った、こういうことになります。

現在の学問レベル、教育レベルから見れば、当時のそういった科目は初歩的なものかもしれません。しかし、同じ時代で比べてみれば、県都である高知市の学校よりも佐川・名教館の教育の方がレベルが高かったのではないかと思いますね。

名教館には、「本立而道生」と書かれた扁額《へんがく》が掲げられていました。これは、『論語』の「学而篇《がくじへん》」の中にある言葉で、頼山陽の父親の頼春水《らいしゅんすい》の揮毫《きごう》によるもの。「本立《もとた》ちて道生《みちしょう》ず」と読みます。

意味としては、「根本が定まれば進むべき道、生き方も自《おの》ずとひらけてくる」つまり、まずは物事の本質をしっかり把握することが大事だぞ、ということです。

本来、大きな意味を持った言葉ではありますが、その後の牧野富太郎という人の生涯を見るとき、それはまさにこの「本立而道生」に導かれたものであったのではなかろうか、という感慨がわいてきます。頼春水、頼山陽父子が伝えようとした精神が、こうして土佐の山奥、佐川という小さな町の子供たちにも受け継がれていったわけです。

優秀な子供たちに、優秀な先生方が情熱を傾け、集中して教育をする。明治の最初期、まだその辺にちょんまげを結った人がいる、刀を差した人がいる、そんな時代に、10歳やそこらの子供に漢学だけではなく英学もやった。ＡＢＣからやった。それも本気でやった。まさに、文明開化であります。

とはいえ、さすがに明治の最初期、まだ封建時代の名残が歴然としてあり、武士と町人の区別ははっきりとしておりました。

たとえば、名教館の昼食時。まあ、弁当でしょうけれど、子供たち全員が一緒に食事するわけではありません。上組、つまり武士の子たちのグループが先に食事を始めるんですが、そのときに、下組つまり富太郎たち町人の子供に向かって「下組の方、許してよ」と言ってから箸をとる。その後、続いて、富太郎たち町人の下組が上組に向かって「上組の御方、ごめんください」と言ってから箸をとった——。

これは、私の高知新聞社時代の平成4（1992）年、高知大丸で「生誕130周年記念　牧野富太郎のすべて」展をやったときに会場で流した牧野富太郎の肉声テープの中で、ご本人が語っていた逸話です。

その音声テープは、博士の弟子で高知で研究を続けていた大倉幸也《ゆきや》さんが昭和28（1953）年の12月に東京・大泉の博士の自宅を訪問した際のインタビューですが、当時91歳の牧野富太郎の声の若々しさに驚かされたことを覚えています。

小学校を2年で中退

明治の文明開化は、教育の分野でもどんどん進んでいきます。

明治4（1871）年に文部省ができ、翌明治5（1872）年に「学制」公布。このことによって、満6歳になったら男女みなが教育を受ける義務があるとされ、全国に小学校が作られます。欧米にならった教育制度ですが、いわゆる標準語を普及させるなど、それまでの藩校、私塾、寺子屋による教育に比べ画期的なものでした。

もちろん高知県もその流れの中にあって、明治7（1874）年、佐川にも小学校が開校します。このとき、富太郎、12歳。

しかし、学校ができたとはいうものの、そのころの農家にとっては男の子であれ、女の子であれ、働き手ですから、学校なんかに行かせられないという家も多くあったわけです。

それでも、何とかかんとか佐川の近郷近在から学齢期の子供たちを200名ほど集めて、小学校教育が始まりました。

富太郎にとって、この小学校は果たしてどういうものだったのでしょうか。

12歳の自分が6歳とか7歳の子と一緒の教室で、ということもさることながら、本当に初等教育ですから「いろは」の読み書き、あるいは「1＋1＝2」から始まる授業を受けなくてはならない。気の毒と言えば気の毒ですが、これは仕方のないことであります。

一方の富太郎の方はすでに論語もやっている。孔子、孟子をそらんじている。名教館学舎で物理学や世界地理も学んでいる。英学にも接している……。これでは学校に通う意味がないのではないか。

それでも、1年半、2年ぐらいは我慢して通っていたようですが、どう考えてもこれでは時間の無駄。自分で勉強した方がよほどよい。こういう結論に至るのは当然の流れで、この時点で、富太郎は小学校に行くのをやめてしまいます。小学校2年で中退。これが、牧野富太郎に終生ついてまわった最終学歴となりました。

富太郎、14歳のときのことです。

ただ、このときの小学校教育の中でも非常に興味を惹《ひ》かれるものがありました。それは、「掛図《かけず》」。地図とか図表、地球の構造図、植物画などを大判の掛け軸のようにしたもので、文部省天産部というところの制作になる新しい教材でした。

授業で使うときは教室の全員に見えるように黒板などに掛けて、スクリーンのように垂らして子供たちに説明する。教科書などが充分にない時代ですから、こういったものが大いに役に立ったのだと思います。

絵としてもよくできているし、子供たちの興味を惹くように色も鮮やかに描かれていて、そういうところに富太郎は惹かれたのかもしれません。とりわけ植物などを描いた「博物図」の授業のときなど、「富さんは澄んだ目でじっと掛図を見ておった」というような話が佐川に残されていますね。

この「掛図のエピソード」は、のちの富太郎初上京の折の話と結びついてきますので、覚えておいていただきたいと思います。

専門書を取り寄せてもらって大喜び

佐川小学校を2年で中退した14歳の富太郎は、その後どうしていたのか、という話になります。

もちろん、草花の観察、採集は続けていますが、富太郎の「植物学」への興味の深化という意味で、この頃に一つ、大きなトピックスがありました。

富太郎の草花に対する興味、知識欲は、山の中の草花のほかに、普段から書籍などに収められた草花の知識にも向けられています。そうした中での出来事です。

当時、佐川に西村尚貞《しょうてい》というお医者さんがいて、富太郎もその家によく遊びにいっておりました。この人が『本草綱目啓蒙《ほんぞうこうもくけいもう》』の一部の何巻かを持っておった。富太郎は、まず、この本に取り付きました。

「本草学」は古代中国で生まれた薬草学のこと。薬の基（本）になるものに草が最も多かったので、草を本とするという意味で「本草」学と言われました。

ただ、薬物的な知識だけではなく動物、植物、鉱物などの知識も幅広く扱っていて、実際は博物学的な要素を持つ学問だったようです。中でも、中国、明《みん》代の書物『本草綱目』が広く知られています。

日本における本草学の到達点と言われているのが江戸時代後期に出た『本草綱目啓蒙』全48巻で、著者は小野蘭山《らんざん》。先の『本草綱目』についての蘭山の講義を孫の職孝《もとたか》がまとめたもの。講義録ですから「啓蒙」の語句がついたのでしょう。

近所のお医者さんが持っていたのはこの『本草綱目啓蒙』の何巻かというわけですが、いずれにせよ、「専門書」。ページ数も相当ある。それを富太郎は、頼み込んで書き写すことに取り掛かった。こういうわけです。

富太郎という人は、筆写というような根のいる努力もまったくいとわなかったようですが、いずれにせよ、大好きな草花への興味とはいえ、14歳、15歳の子供の知識欲、努力ではありませんね。

一生懸命書き写す。筆写する。そうした日々を重ねているうちに、やっぱりご本尊の『本草綱目啓蒙』の全巻が欲しい、と、こうなる。欲しくなったら、もうたまらん。

お金持ちのお坊ちゃんは、欲しいものに躊躇《ちゅうちょ》しません。おばあちゃん、わしはこれこれこういう本が読みたい。買うてくれんか、と、こうなる。

おばあさんの浪子さんは、これまで紹介してきたように、「富太郎の言うことやったら、何でも」という人ですから、すぐに段取りをつけます。

当時、佐川にランプや本を扱う鳥羽屋という商店があって、「洋物屋」と呼ばれておったのですが、ここに頼んで富太郎が欲しい本を大阪に発注する。

いったい、いくらしたのやらでありますが、ともあれ、しばらくして、この本草学の宝物のような和本『重訂《じゅうてい》本草綱目啓蒙』全二十巻が佐川に到着する……。

そのとき、富太郎は例によって友人たちと裏山に行っていたのですが、親友の男の子が駆けつけて来て、大声で叫びました。

「ケイモウとかいう本が来たぞう！」

富太郎は大急ぎで山を下りて、鳥羽屋商店に駆けつけます。

おお、目の前に、小野蘭山の『重訂本草綱目啓蒙』全巻があった！

そうした富太郎を見ながら村中の子供たちも一緒に「おい、ケイモウが来たぞ、ケイモウが来たぞ」と言って欣喜雀躍《きんきじゃくやく》。そして、みんなで1ページずつ食い入るように眺めながら、ああ、あの花はこういう名前だ、この草はこういう名前だったんだ、と言い、大喜びしたといいます。

富太郎自身も、自分が実際知ってる草花に、これこれこういう名前がついているということをこの本で知ることができて、非常にうれしかったと語っていますね。

また、このころ舶来の昆虫採集の用具などを東京の書店丸善から取り寄せたり、ガラス温室を造ったりします。のちに自宅の家屋が狭いので、西谷の大塚弥太郎邸の庭を借りて、大工に命じて立派な温室を造ったという話もあります。そういう発想を持つだけでも当時としては驚くべきことではなかったかと、私などは考えます。

人間データバンク、「博覧強記」の人

ともかく、岸屋の富太郎は頭がいい。それも、一度聞いたこと、見たこと、教えてもらったこと、学んだことは忘れない。そういうタイプの人間です。昔の言い方では「博覧《はくらん》強記《きょうき》」というタイプ。

博覧強記。最近の「なんでもネットで検索」という時代にはあまり評価されなくなった言葉かもしれませんが、昔の人にとってはこの博覧強記ということが非常に大事だったのですよ。百科全書的に広く古今東西の書物を読み、物事をよく覚えていること。いわば、

人間データバンクですね。

同じく高知出身の物理学者で「天災は忘れたころにやってくる」で知られる寺田寅彦《てらだとらひこ》なども同じようなタイプで、当時としてはひとつの学問のレベルを上げるためには百科全書的な知識が必要だったんだと思います。

牧野富太郎は、まさにそういう人で、博覧強記から学問がスタートしている知識の巨人。そうした中でも、富太郎は特にどういう方面の知識に興味を持ったのか。学校から帰るとすぐ山に登って自然と親しむ。当時のことですから、ほかにそれほど楽しみがあるわけじゃない。多くの子供たちも同様だったと思いますが、とりわけ富太郎は草花が好き。「生まれつき、そういうものが好きだったからしょうがない」と本人が言っていますから、これは天が与えた才能、「天賦《てんぷ》の才」「天才」というほかありません。

先の、小野蘭山の『重訂本草綱目啓蒙』を入手したのと同じころ、友人の父で医師だった人の家で『植学啓原《しょくがくけいげん》』という植物学の本にも接しています。この本は、宇田川榕菴《ようあん》という江戸後期の代表的な蘭方医が上梓《じょうし》したもので、オランダの本の訳書。

富太郎は、この本を読むことを許してもらい、初めて「西洋の植物学」に触れます。そして、リンネという当時の植物学の世界的権威による「分類」や、植物学の学術用語もこの本で学んでいます。つまり、富太郎はこのとき初めて植物学という学問の世界標準に出会ったということです。

しかも、宇田川榕菴の訳書ですから、本文は漢文。富太郎はこれを自分でさらに「かな交じり」の文に翻訳したと言います。いやいや、この少年、凄《すご》いとしか言いようがない！

驚くことに、富太郎はすでにこのころに、自分で「結網学人《けつもうがくじん》」という雅号を作って自分の書き物などに使っています。

この雅号、「学人」は「真理を求めて学ぶ人」という意味ですが、「結網」とは何なのか。実はこれも漢籍由来。川の魚を捕りたい、あれも捕りたい、これも捕りたい、と言っても、ただそう思っているだけでは何にもならない。それよりも、魚を捕るための網を結う、道具を作る、準備をする、その方が大事だろう。

つまり「魚」は「真理」、「網」は学問研究。真理を得ようとすればきちんと学問研究をしなければならない、ということ。

こういうわけで、富太郎は自らの号を「結網学人」とする。

子供の頭じゃありませんね。そして以降「結網学人」あるいは「結網子《けつもうし》」という号を90有余年の生涯にわたって使うのですから、すでに10歳あたりのころから自分の一生を見通していたということなのでしょうか。結網学人、岸屋の富太郎おそるべし、であります。

カラス天狗のあとについて

さて、もう一度、小学校を中退した岸屋の富太郎は、その後どうしたか、という話に戻りましょう。

先に、『本草綱目啓蒙』などの植物関係の専門書の筆写にいそしんだという話をしましたが、ここからは、富太郎のちょっと違う一面も紹介しておきたいと思います。

まずは「カラス天狗のあとについて」という伝説めいた話から始めましょうか。

小さいころは一人で家の裏山に行って草花と遊んでいた富太郎の山行きも、学識の深化と同様に、どんどん進化していったという話です。

佐川の鴻《こう》の坂というところに、中村伊之助という男が住んでおりました。どこの町や村にも「変人」「変わり者」と言われる人間が一人や二人はいるものですが、佐川ではこの中村伊之助がそういう人間にあたります。通称「鴻の坂の伊之助」。

この男は、別に大したことをやったとか、そういう人ではありません。ただ、佐川近辺の山のことについては、やたらと詳しい。何から何まで知っているという山オジサン。日ごろから、山に入っては薬草を採ってきて市に出すとか、山菜を採ってきて売る、あるいはわらじを編んで売る、そういう暮らしをしていた人。

まあ、山から山へと歩き回っている、「鞍馬山《くらまやま》のカラス天狗」のような人、カラス天狗のおじさん、それが「鴻の坂の伊之助」だったわけです。

そして、このカラス天狗のおじさんのあとを、小学校を中退した岸屋の富太郎がついてまわる。こういう話になっていきます。畑仕事しているお百姓さんたちが伊之助と富太郎の二人連れを見て、「おいおい、また今日も伊之と富が山へ行きよるぜよ」と笑い合っていたと言います。

それほど、毎日のように伊之助と富太郎は山歩きをした。学校に行かないんだから、時間はいっぱいある。しかも、山菜から季節の草花まで何でもよく知っている「山オジサン」と一緒だから楽しくてしょうがない。

そうした中で、「これはドクダミだ」「これは煎じて飲んだら胃に良い」とか、伊之助の経験則による知識を吸収していく。

学者でありながら、市井の人々の経験則や体験をないがしろにしない牧野富太郎の基本的スタンスは、この辺に大本があったのかもしれません。

しかも、このおじさんはカラス天狗と言われるほど山歩きの達人ですから、少々危険な谷間や山奥でも安心してついていくことができる。佐川近辺から越知《おち》方面、横倉山《よこくらやま》と足を延ばしていく。こうして富太郎は山歩きの楽しさ、面白さをこの「変人」から学び、身につけていきます。

そうして、村の子たちに「西洋バッタ」とからかわれ、浪子おばあさんに無理やりお灸をすえられていたひ弱な身体も、この伊之助との山歩きの中で自然と頑健な身体、強靭《きょうじん》な足腰へと変わっていったのでしょう。

まるで鞍馬山のカラス天狗が牛若丸を鍛えた「義経伝説」のような話ですが、晩年に至るまで山歩きを楽しみ、フィールドワークを好んだ牧野富太郎の基礎は、このときにでき上がったと言っても間違いありません。

中村伊之助さんの方は、牧野富太郎が世界的な学者になったあとでものちのちまで、「ああ、牧野の富か。あれにはわしがいろいろ教えてやったわ」と自慢していたとのこと。

こういう「変人」と世間に言われるような人とも平気で付き合い、学んでいく、そういう牧野富太郎の人懐っこいキャラクターは、早い時期から発揮されていたようですね。

「あら〜、今日もイノとトミが横倉山へ行きよる」とお百姓さんたちが笑い合ったという。

中退した小学校で代用教員

ただ、富太郎は専門書の筆写や山歩きばかりしていたわけではありません。同じころ、高知に師範学校ができました。学制公布で全国に小学校が作られたことに伴って、教師も必要になったということです。頭のいい富太郎は、この師範学校の受験を勧められます。

佐川から高知まで30キロ足らず。てくてく歩いて入学試験に赴いたものの、富太郎は結局、受験せずに帰ってきています。おばあさんの浪子が「どうしたことか」と尋ねると、「いや、話を聞いてみるとあんまり大したことをやっているようには思えんので、試験を受けるのをやめて帰ってきた」とのこと。

自分の目指すところと違う。そう思ったら躊躇しない。これもまた、牧野富太郎の生き方の一つの特徴なのでしょう。

師範学校といえば、続いて女子師範学校もできて、富太郎の従妹の猶《なお》も試験を受けています。そして、こちらは見事に合格していますから、この人もなかなか頭が良かったのだと思いますね。

実は、猶は従妹でありますが、浪子おばあさんが決めた富太郎の許嫁《いいなずけ》でもありました。こののち、富太郎の生き方が、猶という女性の人生も左右していくことになります。

さて、明治も10（1877）年になったころ。富太郎が15歳のころのことですが、佐川小学校の校長から「牧野君、君、ちょっと手伝ってくれんかね。実は代用教員がいなくなって困っておる。代用教員になって子供たちを教えてくれんか」という話がきました。

富太郎が小学校に行ったのは2年足らずですが、校長は富太郎の学識と教育者としての資質を認め、その才能を買っておったのでしょう。学歴のあるなしは構わない。校長が良いと言えば、それで決まり。おおらかな時代です。

これが牧野富太郎にとっての初めての仕事。代用教員のことを「佐川小学校授業生」というのですが、このときの月給が3円。3円をもらって、15歳で小学校の代用教員に採用ということになった。

後年、高名な学者になった牧野は人と会って初任給の話題になったときなど、「ほほう、そんなにもらっておられますか。そりゃ、めっそうな（大変な）ことですなあ。私は3円でごわしたぜよ」と言って大笑いして相手を煙に巻くのを好んだと言われています。

富太郎、あの30円はどうした

低学年の子に「いろは」を教えたり、簡単な算術を教えたり、そうして過ごしていた代用教員の日々。それはそれでそれなりのやりがいはあったのでしょうが、このままで終わっては「世界のマキノ」の物語にはなりません。

やはり富太郎の胸の中に生来の向学心がむくむくとふくらんでまいります。わしの一生、こんなことでいいのか、という思いです。

学問をするにはこんな片田舎におってはいかん。もっと学問を進めるためには、まず佐川を出なければならん。

こう思ったときに、真っ先に頭に浮かぶのは県都高知市に行く、ということ。これが明治10年代もはじめのころの地方人の発想の典型ですね。当時の高知県の、それも山間部の田舎に住む青年からすれば、東京はあまりにも遠い。外国のようなものだったと思います。

明治12（1879）年、佐川小学校の代用教員をやめた17歳の富太郎は、高知に出て、そのころ、高知市で有名だった「五松学舎」に入ります。

ここは、東京の「二松学舎」を出て高知に帰っていた弘田正郎《まさお》の漢学塾で、弘田は当時、教育者としてよく知られた存在でした。

塾名の「五松学舎」は、母校の「二松学舎」より良い教育をしようと決意してのものだとか、単にその場所に五本の松があったからだとか言われていますが、定かではありません。いずれにせよ、弘田正郎も名高い人、「五松学舎」も評判の良いところだったのでしょう。

ちなみに、この弘田正郎の息子が弘田龍太郎。チイチイパッパの「雀の学校」、お手てつないでの「靴が鳴る」、屋根より高いの「こいのぼり」とか「春よ来い」といった童謡、あるいは「浜千鳥」「叱られて」などの格調高い歌曲でも知られる高名な作曲家です。

さて、富太郎の高知行き、五松学舎入学に際して、浪子おばあさんは30円というお金を渡していいます。岸屋の跡取り息子として恥ずかしくないように、身なりもきちんとして、ということでしょうが、月給3円の孫に、いきなり30円というのも「あふれんばかりの」浪子さんの愛情の表現だったのでしょう。

ただ、実際に入塾してみると、いくら評判の五松学舎といっても、ここはあくまで漢学の塾。当時はまだ漢学が盛んだったとはいえ、富太郎にとってはすでにほぼ身につけていた学問。「また、子曰《いわ》く、かよ」という感じだったと思います。

なんだ、こんな勉強は佐川で全部やってしまっている。行っても意味がない、ということになります。こういう気ままなところは、お坊ちゃん気質でありますし、早熟の天才にありがちな傾向でもあります。

弘田正郎も「最近入った牧野君の顔が見えんようだが」と言っていたようですが、結局、五松学舎にはほとんど通わずじまい。

この話を聞いた浪子おばあさんが佐川から高知にやってきます。そして、富太郎に会ったとき、その身なりが佐川を出たときのままであったことに驚いて、「富太郎、あの30円はどうした」と聞きます。

すると、富太郎は、こう応えたのでした。

「わしは、服は身体の外に着るもんじゃない、この体の中、頭の中、胸の内に着るもんじゃと思うちょる。身体の中に着たら、一生ほころびもせんし、破れもせんじゃろ。わしが体の中に着る服はこれじゃ。分かってください」

そう言って傍らの机の上に目を向けると、そこには植物や地理や天文学の本の山……。いかにも牧野らしい話であります。

科学としての「植物学」に目覚めて

五松学舎の方はさぼりながらも、17、18歳の青年ですから田舎の佐川とは違う「高知での青春」を大いに楽しんでいた富太郎ですが、同じころ、その生涯を決定するようなトピックスがありました。高知師範学校の化学の教師、永沼小一郎《こいちろう》との出会いです。

永沼小一郎は丹後舞鶴《たんごまいづる》出身の人で、このとき高知師範学校に赴任、高知中学でも教鞭《きょうべん》をとるとともに、高知病院の薬剤部の責任者のようなことも兼務していたようです。つまり、当時の薬剤関係の科学の最先端にいた人物です。

当時の薬剤専門家らしく本草学の勉強もしているし、博物学、植物学の知識も豊富。一方で英語の翻訳もできる。外国語の書籍にも親しんでいる、最新の科学知識の持ち主であった。こういう人物に、高知で富太郎は出会うことができたわけです。

牧野富太郎がサイエンスとしての「植物学」に初めて出会ったのは、この永沼小一郎という人との交誼《こうぎ》があったからといっても過言ではないでしょう。

富太郎は永沼から物事を研究するときの科学的アプローチの大切さを学び、永沼は富太郎から物事の研究の大本としての「実地を踏むこと」の大事さを学んだ。つまり、お互いに「植物学」を通じて啓発し合ったということです。富太郎自身も、その後も「永沼先生」と呼んで長く敬愛の情を示しました。

しかし、刺激的で楽しい高知での生活も、そう長くは続きません。この明治12（1879）年に、高知でコレラが流行したのです。当時は、発病後1日、2日でころりと死んだことから「コロリ」とも呼ばれて恐れられた伝染病の大流行。

さすがの富太郎も、これはたまらんということで、佐川に引き上げてしまいます。

ただ、佐川に帰ったとはいうものの、浪子おばあさんの「造り酒屋岸屋の立派な跡取りになってくれ」という切なる願いもよそに、富太郎はさらに「植物の道」に邁進《まいしん》することになります。それも、幼少よりの天然の「草花好き」から、「科学者的態度」を身につけつつある植物学者の卵、といった様相。

家業のほうは浪子おばあさんや番頭さんたちに任せっきりで、富太郎坊ちゃんは好きな道に入りっぱなし。

たとえば今日は、四国の霊峰石鎚山《いしづちさん》へ草花採集にお出掛け中。そうして写生図を描き、観察記録を書き記す日々。着々と、「植物学」の専門家への道を歩み始めていたのでした。

もっともっと植物に関する本が読みたい。手元において熟読したい。詳細な観察記録をつけるためにも、顕微鏡という理科道具も欲しい。

しかし、佐川や高知で、そういうものを入手するのは困難だ。やっぱりこれは、東京に行かなければならんのじゃないか。そうだ、東京だ。東京だ。

富太郎がそう思い始めたころ、東京で第2回内国勧業博覧会が開催されることになりました。明治14（1881）年、牧野富太郎、19歳のころのことです。

「乳母日傘」のひ弱な一人っ子が、草花に導かれるようにして独り歩きのできる青年になり、今大きな一歩を踏み出そうとしている。富太郎は、そんな人生の一里塚に立っていました。

第二章

植物を師匠として

東京への初めての旅

明治14（1881）年春、東京・上野で第2回内国勧業博覧会が始まりました。内国勧業博覧会は、明治維新の立役者、大久保利通の発案により内務省主導で行われた博覧会で、第1回は西郷隆盛の西南戦争が鎮圧されたあとの明治10年8月に開催。

その後、日本の近代化促進のために東京・上野で3回、京都と大阪で各1回、都合5回開催されています。

富国強兵、殖産興業を旗印に、文明開化を急ぐ明治日本の最高レベルと目される工業製品や文物が展示されました。それだけでなく、興行やお祭り的要素も多く、そこに興味を示す庶民の入場者による経済的効果も注目されたようです。

この内国勧業博覧会の評判は、遠く高知・佐川の山間にも聞こえてきました。最新の、そして最高の文明、文化に触れたい。頭が良くて、向学心のある地方の青年がそう思うのは当たり前。ちょうど明治日本の国家としての青春と、富太郎たち幕末生まれの者たちの青春とが響き合って大きなうねりになっていたのでしょう。

司馬遼太郎さんの国民的小説『坂の上の雲』に描かれた正岡子規、夏目漱石、秋山兄弟らの物語とほぼ同世代の、牧野富太郎の物語の第二章もここから始まります。

博覧会が見たい。東京へ行きたい。もちろん、東京へ行ったら高知では手に入らないような本も買いたい。念願の顕微鏡も手に入れたい。こうした気持ちが抑えきれなくなった富太郎は、例によっておばあさんの浪子にねだります。行きたい。どうしても行きたい。

言い出したらきかん子や。浪子おばあさんもあきらめて許可を出します。

お前のためや、しようがない。行ってもよい。行ってもよいが、ただし、お前一人に金を持たせて行かせたら、何をどれくらい買うてくるか分からんから、ともかく「巾着持ち」を連れて行け。それならば東京行きを許す。こういうことになりました。

富太郎にお供を付ける。それも二人。一人は番頭の佐枝竹蔵の息子で熊吉、これはまあお目付け役、それに岸屋の従業員の中からもう一人、実直な男を金庫番として付ける。

こうして富太郎は二人のお供を連れて、初の上京の旅に出ます。佐川の人間にとって、当事の東京は外国のようなもの。盛大な見送りを受けての出発でした。

佐川から高知へは歩き慣れた道。しかしそこから先はまったくの未知。維新から14年経ったとはいえ、日本国内の交通路はそれほど整備されていたとはいえません。

まず、富太郎一行は高知から海路、船旅で神戸に向かいます。この航路は土佐出身の岩崎弥太郎の三菱商会が早くから開発していたものですが、山間部育ちの富太郎一行にとっては、初めての船旅。

ちなみに、高知から本州に向かうアクセスは、このあとも当分の間、海路で神戸・大阪へというのが主要ルートとして続きます。

そして、やっと高知から四国山地を越えて瀬戸内側に出る鉄道路（土讃線《どさん》）が開通するのが昭和10（1935）年のことですから、こうした面からも高知県は日本の僻地という地政学的立場を背負い続けてきたわけです。

さて、神戸に上陸した富太郎たちは、そこから鉄道で京都に向かいます。当時の言葉でいえば「陸蒸気《おかじょうき》」の旅。もちろん、見るのも乗るのも初めての鉄道。神戸、大阪、京都と、黒い鉄の塊が猛然と疾走していく……。

日本の鉄道の歴史を紐解《ひもと》きますと、明治5（1872）年9月の東京・新橋─横浜間の開業はよく知られていますが、それに続いて明治7（1874）年5月に神戸─大阪間が開通、その後、明治10年には京都まで延伸しています。

ですから富太郎たちは、ほぼできたばかりの、鉄道という文明開化のシンボルのような

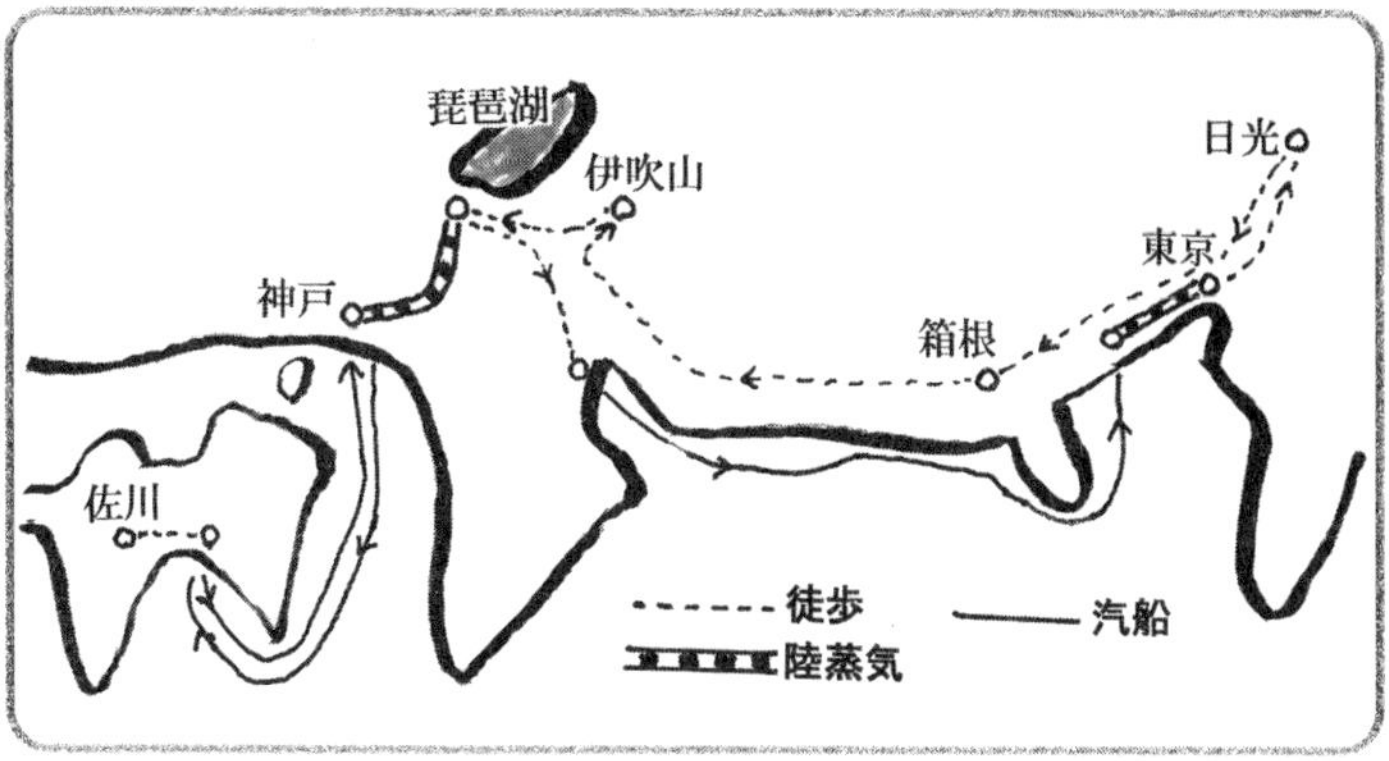

明治14年４月、第２回内国博覧会見物のため、初めて上京する。土佐から三菱汽船に乗り、神戸に上がり、陸蒸気で京都へ。京都から先は、まだ東海道に汽車がないので徒歩で鈴鹿峠を越えて伊勢湾岸の四日市に出る。そこから外輪のついた和歌浦丸に乗り東京湾に入る。横浜上陸後は、再び陸蒸気で東京新橋へ。東京では神田猿楽町に泊。日光にまで足を延ばす。帰路は、植物採集をしながら徒歩で東海道を下り、箱根、伊吹山を経て京都で付き人と合流。陸蒸気で神戸まで行き、そこからまた汽船で高知に帰着、佐川に戻る。

乗り物の旅を経験したわけで、そのわくわくぶりは想像に難くありません。

しかし、逆に言えば、明治日本の鉄道建設も当時はそこまで、ということ。東海道線の全線開通は明治22年まで待たねばなりません。ということは、そのほかの旅の手段は江戸時代と同じく、基本、徒歩。それに、さすがに駕籠《かご》はもうないけれど、ときどき馬車とか人力車を使う。

一行の京都から先の行程は、東海道をそうやって進んで琵琶湖のほとりの大津へ。さらに甲賀の山中、土山《つちやま》を経て鈴鹿《すずか》峠を越え、伊勢湾に面する四日市に出ます。

このあと、四日市からはまた海路、船旅で東京を目指すわけですが、これが和歌浦丸という西部劇に出てくるような外輪の蒸気船。これで伊勢湾を渡り、遠州灘《えんしゅうなだ》を越えて、東京湾に向かいます。

旅行代理店などない時代。しかも土佐の田舎からの初旅。さぞかし苦労の多い日程、あるいは珍道中だったかと思われますが、ともあれ、富太郎一行を乗せた和歌浦丸は無事に横浜に入港。上陸後、ここからはまた鉄道で東京・新橋へ。

一行三人の前には見たこともないような光景が広がっていたことでしょう。異人さんに出会ったかもしれません。

横浜から新橋まで、約30キロ。時間にしてほぼ1時間の鉄道の旅。イギリスから輸入した蒸気機関車が白い煙を噴き上げながら力強く客車を牽引《けんいん》して行く。もうすぐ東京。富太郎の胸の高鳴りは、いかほどのものだったでしょうか。

「師匠は植物」という大先輩の言葉

無事新橋駅に到着した富太郎たちは、神田・猿楽町《さるがくちょう》に向かいます。猿楽町に佐川の出身者がいたので近辺に下宿を紹介してもらい、そこを東京での拠点にする段取り。このとき富太郎は、その下宿の窓から初めて富士山を見て感嘆したと語っていますね。

先に紹介しましたように、今回の東京旅行につき、富太郎には勧業博覧会の見物のほかにいくつかの目論見《もくろみ》がありました。ひとつは、植物学の専門書をはじめ東京でしか買えない書籍を存分に購入すること。もうひとつは、顕微鏡の入手。

このときに機械屋でドイツ製のライツ型顕微鏡を手に入れていますが、これはまあ、今から見れば実に簡単なもの。虫眼鏡を大きくしたような簡単なものではありますが、当時の富太郎はこれが欲しかった。そしてこれが、のちの世界的植物学者富太郎が初めて自分のものにした顕微鏡、ということになりますね。

さらにもうひとつ、富太郎にとって大きな目的がありました。それは、日比谷・山下町にある博物局を訪ねること。明治政府の中で博物局は当初、文部省・農商務省の管轄とされていましたが、この明治10（1877）年4月から農商務省管轄となり、天産、農業樹林、工業機械、芸術、史伝、教育、図書など9課が置かれていました。

その中の「天産課」とは、その名の通り、植物とか鉱物とか天然に産するものすべてに関わる部署。富太郎はここにいる田中芳男《よしお》という人物を訪ねようとしていました。なぜか。

この田中芳男こそが佐川小学校在学中の富太郎のこころを唯一魅了してくれた「掛図」の制作者その人だったからです。

田中芳男は「日本の博物館の父」と称される学者で、高級官吏にして男爵。明治期における博物学、植物学、動物学、園芸学などの先駆者。博物館や動物園のある公園の設立などにも関わっています。

富太郎が博物局に田中芳男を訪ねたとき、田中は44歳の男盛り、仕事盛り、分別盛り。もちろん、日本の科学文化の将来を自分が担っているという自負があって当然の、バリバリのキャリア。

19歳の牧野富太郎とは年も格もまったく違う。そういう人物が土佐の田舎から訪ねてきた青年に対して、非常にやさしく、丁寧に接してくれる。こういうところに、私は明治という時代のおおらかな良さを感じます。

富太郎は田中に会うと、自分は今、土佐の山の中で植物の研究をしているが、やがて「土佐の植物目録」を作りたいと思っている、と言い、あの「掛図」のような植物の絵はどういう風に描けばいいのか、といったようなことを尋ねます。

普通、田舎から出てきた男が突然訪ねてきてこんなことを言えば、あきれて追い返すか、適当にあしらうか、そのようになって当然という状況。しかし田中芳男は、牧野青年にこう語りかけたのでした。

「牧野君。植物学というものは、あくまで自然が師匠です。ですから、東京に居るからできる、田舎だからできない、というものではありません。師匠は、先生は、自然なんです。自然を、植物そのものを先生にして一生懸命勉強すればいいから、ぜひ、君が土佐の植物目録を作ってください。きっとそれが、日本の植物目録につながっていくと思いますよ」

何と素晴らしい励ましの言葉でしょうか。

年下とか田舎者だとか見下すわけではなく、同じ学問をやっている人間として対等に扱ってくれているのです。しかも、小石川《こいしかわ》の植物園を紹介してくれたり、珍しい植物を売っている植木屋さんを紹介してくれたり、親切を尽くしてくれる。そのうえに、今度自分が論文を書いたときには君に送ってあげましょう、とまで言ってくれる……。

純粋な富太郎が、カーッと燃え上がったのは言うまでもありません。

植物学の道へのターニングポイント

この博物局訪問のとき、富太郎は田中芳男とともに小野職愨《もとよし》にも会っています。小野も明治期の植物学者で、田中のもとで植物学の教科書のための翻訳などに携わった人。そして、富太郎が14歳のころ筆写に熱中し、浪子おばあさんにねだって入手したときには大喜びしたあの『本草綱目啓蒙』をまとめた小野職孝《もとたか》の子。

田中も小野も、富太郎にとってはキラ星のような植物学の大先輩。この二人に会い、直接会話をし、励ましを受けたことが、富太郎の「植物学」熱に拍車をかけたのでしょう。

富太郎一行は、東京からさらに北に足を延ばし、日光まで出掛けて植物採集を行っています。これも、もちろん基本は徒歩。とにかく歩く。また歩く。

歩くことは、草花との出会い、発見への必須条件。まず、歩く。このことを富太郎は幼少のころからの山歩きで身につけ、自らの生き方のバックボーンにしたように思います。

そうして、日光から再度東京に帰ってくると、今度は東海道を下りながら土佐を目指す、ということになります。

つまり、上京してきたときと逆コース、新橋から横浜、横浜から海路の船旅というわけではなく、横浜から先は徒歩、ときどき馬車、人力車などを使っての東海道の旅。こういう帰途を選択したのです。そこには、弥次喜多《やじきた》道中の時代とそれほど違わない風景が広がっていたのだろうと思います。

なぜこういう行程を選んだのか。それはもちろん、あるところで植物採集をするためでありました。

東海道をずっと下りながらの植物採集の旅。箱根の山の草花も採集したあと、さらに京都を目指す途中、岐阜県と滋賀県の県境にある伊吹山に差し掛かります。すると、富太郎はお目付け役と金庫番の二人を先に京都に行かせ、そこの宿で待てと指示。自分自身は、さっさと地元の薬業の人に宿と道案内を頼んで伊吹山に登る段取りをつけるのでした。

伊吹山は本草学の世界ではよく知られた霊峰。奈良時代に役行者《えんのぎょうじゃ》によって開かれた山岳信仰の聖地になっています。

昔から薬草や高山植物の豊富な山で、この地のよもぎで作られる「伊吹もぐさ」は全国的に著名な産物。三合目以上には１７００種もの植物が自生していると言われていますから、ここを素通りするわけにはいかなかったのでしょう。

様々な植物を採集しては紙にはさんで持ち帰る。そうしたかなりの量の採集物とともに長浜から汽船で琵琶湖を渡って大津に入り、お供の二人が待つ京都・三条の宿へ。そうして、京都から鉄道で神戸まで行き、やっと土佐への船上の人となったのでした。

この、初めての東京への旅が富太郎の人生の大きなターニングポイントとなったのはいうまでもありません。

浪子おばあさんは、岸屋の当主らしい見聞を身につけてくればいいぐらいに考えて送り出したかもしれませんが、結果的には富太郎を植物学への道に進めさせる決定的な旅になってしまいました。

佐川に帰郷した一行は、大歓迎を受けます。皆、東京のこと、勧業博覧会のこと、陸蒸気のこと、外輪船のことなどなど、富太郎たちの旅の話を聞きたがり、また富太郎たちも大いに語った……ということです。

リーダーシップを発揮する富太郎

草花好き、植物好きとなると、なんとなく物静かな人、あるいは頭でっかちの人、一人でいることを好む人といったイメージがあるかもしれませんが、牧野富太郎の場合、それはちょっと違います。

ここでは植物好きだけではない、富太郎の別の顔を紹介しておきたいと思います。先に紹介した初の東京旅行から帰った明治14（1881）年の夏、富太郎19歳のころのことです。

当時、高知県では自由民権運動が大隆盛で、リーダーは、あの「板垣死すとも自由は死せず」の板垣退助。「自由は土佐の山間より出《い》づ」とも言われたように、佐川でも自由民権の炎が燃え盛っておりました。

日本で初めて女性参政権を主張して「民権ばあさん」と呼ばれた楠瀬喜多《くすのせきた》の活躍なども喧伝《けんでん》される中、富太郎のような青年の胸に自由民権の火がつかないはずがありません。

激動の社会情勢を背景に、英国の哲学者・社会学者スペンサーの著書などを読んで共鳴していた富太郎は「人間は自由で、平等の権利を持つべきである」との思いを深め、佐川の若者を集めて同盟会という結社、サークルを発足させています。

この会が掲げた理念は次の通り。

「互いに知識を交換し協力して高め合い、真理を追求することによって、生まれながらに持っている自由を全うし、社会公共の義務を尽くす」

後段の「生まれながらに持っている……」あたりは大いに自由民権運動の影響を感じますが、前段には富太郎が東京行きから持ち帰った「熱」の反映もうかがえます。

この佐川の青少年を対象にした富太郎のグループ活動は、勉強会、討論会、輪読会、演説会、講演会、あるいは探草会、つまり植物採集の会など多彩な活動を展開しています。変わったところでは、洋式の体操などもやっておりますね。

頭だけでなく、身体の鍛錬もということでしょうが、この時代、土佐の片田舎で、皆で集まって洋式体操など、ちょっと考えられませんけれど、その発想が凄い。

このころのことでもう一つ、特筆すべきエピソードがあります。

小学校の代用教員をやった経験のある富太郎らしい話ですが、小学校の音楽の時間に唱歌などを教えているけれど、楽器がないので正しい音程やリズムを教えられない。このことを残念に思ったわけですね。

そこで富太郎は、またまた浪子おばあさんにオルガン購入をねだります。おばあさんは例によって、というと申しわけないのですが、早速段取りをつけて大阪からその新奇な品物を取り寄せる。佐川に到着。それを富太郎はさっさと佐川小学校に入れる。そして独学で弾き方を覚えて、子供たちと一緒にオルガンを弾きながら唱歌を教えた……。こういう話です。

たぶん当時、オルガンは高知市でもまだ珍しかったと思います。そうしたものが佐川の山の中にやってきた。

「簞笥《たんす》から音が出るらしいぜよ」「そりゃ、見たいねえ」

こう言って、佐川の山の人たちがオルガンを弾く富太郎の周りに集まってきた。まさに富太郎のお坊ちゃん気質が存分に発揮された話であり、岸屋の裕福ぶり、おばあさんの甘やかしぶりもまた存分にうかがえるエピソードであります。

牧野富太郎は西洋音楽も非常に好きで、楽譜も読めた。しかし、すべて独学です。明治の初めの人はほんとうに凄いと思います。

自由民権運動に別れを告げて

この富太郎が作ったサークルは、のちに「公正社」「佐川学術会」あるいは「佐川理学会」とか名称はいろいろと変えながら続いていきますが、基本的には「勉強会」「研究会」

という形。そうした活動の中から、立派な研究者なども輩出していますので、佐川の人たちの富太郎に対するリスペクトも宜《むべ》なるかな、といったところであります。

その他にも、英語普及のための「英語会」、「西洋音楽普及のための高知西洋音楽会」といったものも立ち上げています。

牧野富太郎という人のえらいのは、こういうところですね。

自分一人で勉強してもそれはたかが知れている、それよりも、政治にしろ、文学にしろ、経済にしろ、音楽にしろ、皆でそれぞれにテーマをもって勉強して、それを発表し合う。そうやって、切磋琢磨《せっさたくま》しながら、お互いに向上していこうではないか、皆で良くなろうではないか。こういう発想と、それを実行するリーダーシップが素晴らしい。

富太郎は、いつもこういう考え方をする。青年のころからそういう認識を持っておった。そうしたところに、のちの教育者牧野の萌芽《ほうが》を見ることができると思っています。

そして、この「同盟会」「公正社」などの活動を通じて、富太郎は佐川の若者の中心人物、一目置かれる存在になっていくわけです。

先の自由民権運動にも相当入れこんでいた時代、土佐の若者らしく演説会で熱弁をふるう富太郎の姿、そういうものが佐川の人々に語り継がれていますね。

ちょっと前の時代には郷土の先輩、坂本龍馬や中岡慎太郎が身命を賭して「維新回天」の大事業をやった。ところが、その結果、明治の時代は薩長が天皇を取り巻いて勝手なことをやっている。

これを正さなければならんのだが、今は武力ではなく言論の時代である。「自由民権」運動こそそれなのだ、というわけです。

ただ、やっているうちに、次第に政治の世界のあれこれが疑問に思えてきた。白だと思っていたものがいつの間にか黒になる。その逆も、よくある。こういう世界は嫌だ、俺は白黒がはっきりと分かる科学の道の方が良い。そちらに進むぞ。

「私は植物学をもって国のために尽くすのだ」

こうした国に尽くすといった意識、あるいは一刻も早く世界の列強に伍していかなければならないという切迫した思いは明治初期の意識の高い青年たちに特徴的なものですが、私はそれを富太郎の中にも見ることができると思っています。

政治活動を止める。植物学の道に邁進《まいしん》する。そう決意した富太郎は、あるとき、「魑魅《ちみ》魍魎《もうりょう》（化け物）」の絵を描いた大きな旗を持って自由民権派の演説会場になだれ込みます。絵の意味は「政治は魑魅魍魎の世界でわけが分からん。さらばじゃ」というメッセージ。

その旗を振って会場を煙に巻き、政治の世界に別れを告げます。

何をやってもただでは終わらん、というのがこの人らしいところ。これも、ひとつの牧野富太郎の青春でありました。

「政治の季節」が一段落すると、富太郎はまず、土佐の国の草花採集を徹底しなきゃいかんと意を決し、人を雇って高知県西南地域の植物採集の旅に出ます。

そのとき、富太郎の耳には、先の上京の折に出会った博物局の田中芳男の言葉が響いていたのではないでしょうか。

「先生は自然。師匠は植物」

科学としての植物学の道への一歩、植物学者牧野富太郎への第一歩でした。

赭鞭《しゃべん》一撻《いったつ》

この19歳、20歳のころ、もっとも多感な青春時代に、富太郎が結網子《けつもうし》という号で書いた自分自身の「勉強心得」のようなものがあります。

「赭鞭《しゃべん》一撻《いったつ》」という書付で、全部で十五カ条。青年牧野の人生への決意表明を記したものともいえますが、これが実に素晴らしい。青年だけでなく、すべての年代の人が読んでも胸に響く文言です。

「赭」は赤、「鞭」はムチですから、「赭鞭」で赤いムチ。古代中国の伝説上の帝王である神農《しんのう》が手にしていたのが、この赤いムチだといわれています。そして「一撻」は、ひと叩《たた》きという意味。つまり、「赭鞭一撻」は「赤いムチでひと叩き」ということになります。

では、神農は「赤いムチ」で何を「ひと叩き」したか。それは「百草」、つまり様々な草を叩いたということ。そして、その草を試食したり出た汁をなめたりして、薬効を確かめたといわれています。今も薬屋さんが神農を祀《まつ》るのもこの故事に由来するのでしょう。また、同様の由来で、日本では植物を漢薬的に研究する「本草家《ほんぞうか》」のことを「赭鞭家《しゃべんか》」と呼んだり、その研究会を「赭鞭会」と呼んだりしてきたようですね。

博覧強記の富太郎はこのことを知っていて、自分が専念しようとしている植物学分野の研究に結び付けてこの「赭鞭一撻」の語句を用いたのではないでしょうか。

もちろん、故事にちなむだけでなく、「赤いムチ」でひと叩きするのは自分自身、という意味も込められていると思いますね。

なまけそうになったり、気弱になったときに自分を励まし、正し、気合を入れるための、赤いムチでのひと叩き。これが富太郎が自分自身のために作り、結網子の号で記した「勉強心得」「研究心得」であり、決意表明です。

原文は明治の初期のころの、漢籍をやった人の文章で、たとえば「堅《けん》忍《にん》不《ふ》撓《とう》ノ心ハ諸事ヲナス……」といった表現になっています。

20歳前後でよくこういう文章が書けるものだ、さすが牧野さんだと思いますし、私自身は、この文章の格調の高さも大好き。ぜひ、皆さんにも原文で牧野富太郎青年の心意気を味わっていただきたいと思っています。

ただ、現実的には現代人にはちょっと難しいところもあります。そこで、以前に高知県立牧野植物園から刊行されていたもので「現代語訳」を添えたパンフレットがありますので、ここではそれを紹介しておきたいと思います。

以下、「赭鞭一撻」の十五カ条、現代の若者、高校生や大学生の皆さんには、ぜひ読んで、こころに留めておいてほしいと願っています。

●赭鞭一撻

結網子　稿

＊は編集部注

一、忍耐を要す

何事においてもそうであるが、植物の詳細は、ちょっと見で分かるようなものではない。行き詰まっても、堪え忍んで研究を続けなさい。

二、精密を要す

観察にしても、実験にしても、比較にしても、記載文作成にしても、不明な点、不明瞭な点が有るのをそのままにしてはいけない。いい加減で済ます事がないように、とことんまで精密を心がけなさい。

三、草木の博覧《はくらん》を要す

材料（草木）を多量に観察しなさい。そうしないで、少しの材料で済まそうとすれば、知識も偏《かたよ》り、不十分な成果しか上げられない。

四、書籍の博覧を要す

書籍は、古今東西の学者の研究の結実です。出来得る限り多くの書を読み、自分自身の血とし肉とし、それを土台に研究しなさい。

五、植学に関係する学科は皆《みな》学ぶを要す　＊植学とは植物学のこと

植物の学問をする場合、物理学や化学（例えば光のせいで茎が曲がったり）、動物学（花粉を運ぶ蝶《ちょう》）、地理学（どこで、どんな植物が生えるか）、農学（有用植物の場合）、画学（植物図を描く場合）、文章学（植物を文章で表現する記載文）など、ほかの関係分野の学問も勉強しなさい。

六、洋書を講ずるを要す

（明治初年の段階では）植物の学問は日本人や中国人のそれよりも、西洋人の学問が遥《はる》かに進んでいる（いた）ので、洋書を読みなさい（和書・漢籍じゃ駄目です）。ただし、それは現在の時点においてそうであって、永久にそうではない。やがては我々東洋人の植物学が追い越すでしょう。

七、当《まさ》に画図を引くを学ぶべし

学問の成果を発表する際、植物の形状、生態を描写するに最も適した画図の技法を学びなさい。他人に描いて貰《もら》うのと、自分で描くのとは雲泥の差です。それに加えて練られた文章の力を借りてこそ、植物について細かくはっきりと伝えられます。

八、宜《よろ》しく師を要すべし

植物について疑問がある場合、書物だけで答えを得ることはできません。誰か先生について、先生に聞く以外ありません。それも一人の先生じゃ駄目です。先生と仰ぐに年の上下は関係ありません。分からない事を聞く場合、年下の者に聞いては恥だと思うような事では、疑問を解くことは、死ぬまで不可能です。

九、吝財者《りんざいしゃ》は植学者たるを得ず

＊吝財者とはケチな人のこと

以上述べたように絶対に必要な書籍を買うにも、（顕微鏡のような）器械を買うにも金が要ります。けちけちしていては植物学者になれません。

十、跋渉《ばっしょう》の労を厭《いと》うなかれ

＊跋渉とは方々を歩いて回ること

植物を探して山に登り、森林に分け入り、川を渡り、沼に入り、原野を歩き廻《まわ》りしてこそ、新種を発見でき、その土地にしかない植物を得、植物固有の生態を知ることができます。しんどい事を避けては駄目です。

十一、植物園を有するを要す

自分の植物園を作りなさい。遠隔の地の珍しい植物も植えて観察しなさい。観賞植物も同様です。いつかは役に立つでしょう。必要な道具も勿論《もちろん》です。

十二、博《ひろ》く交《まじわり》を同志に結ぶ可《べ》し

植物を学ぶ人を求めて友人にしなさい。遠い近いも、年齢の上下も関係ない。お互いに知識を与えあう事によって、知識の偏りを防ぎ、広い知識を身につけられます。

十三、邇言《じげん》を察《さっ》するを要す

＊邇言《じげん》とは一般の、普通の人々の言うこと

職業や男女、年齢のいかんは植物知識に関係ありません。植物の呼び名、薬としての効用など、彼らの言うことを記録しなさい。子供や女中や農夫らの言う、ちょっとした言葉を馬鹿にしてはなりません。

十四、書を家とせずして、友とすべし

本は読まなければなりません。しかし、書かれている事がすべて正しい訳ではないのです。間違いもあるでしょう。書かれている事を信じてばかりいる事は、その本の中に安住して、自分の学問を延ばす可能性を失うことです。新説をたてる事も不可能になるでしょう。過去の学者のあげた成果を批判し、誤りを正してこそ、学問の未来に利するでしょう。だから、書物（とその著者）は、自分と対等の立場にある友人であると思いなさい。

十五、造物主《ぞうぶつしゅ》あるを信ずるなかれ

＊造物主とは天地創造の神のこと

神様は存在しないと思いなさい。学問の目標である真理の探究にとって、有神論を取ることは、自然の未だ分からない事を、神の偉大なる摂理であると見て済ます事につながります。それは、真理への道をふさぐ事です。自分の知識の無さを覆い隠す恥ずかしい事です。

（現代語訳・高知県立牧野植物園）

この「赭鞭一撻」全十五カ条を見てみると、20歳頃までの自分の生い立ちややってきたことについての総括が書かれていると思える部分があります。

たとえば、第一条の「我慢して頑張ってやれば、何とかなる」とか、第二条の「いい加減ではなく、精密に」とか、第四条の「古今東西の本を読め」などは、『本草綱目啓蒙』や『植学啓原』を精読し筆写する姿を彷彿《ほうふつ》させてくれます。加えて、「名教館」に揚げられた頼春水揮毫の扁額「本立而道生」の影響も感じさせてくれますね。

また、第八条の「師に年齢の上下はない」とか、第十二条の「同志に年齢は関係ない」などは、永沼小一郎との交誼を思い出させてくれる内容。

あるいは、第十三条の「専門家でなくとも、農家の人でも女性でも子供でも、その言葉から学ぶものはある」という記述の背景には、あの〈カラス天狗〉伊之助との日々があったのかもしれません。そのこととともに、明治の初期に、これほどのレベルの平等意識を持っていたことに驚きを禁じえません。

第十四条、第十五条の「学者の書いたものでも信じてはいかん」とか「天地創造の神など信じてはいかん」などにいたっては、まさに痛快、でありますね。

それと、第三条の「とにかく、多くの材料に当たれ」とか第十条の「しんどいことを厭うな。山野に分け入れ」などは、まさにその後の牧野富太郎の人生そのものを予言しているといってもいいでしょう。その見事さに恐れ入ります。

のちに牧野植物園の園長を務めた山脇哲臣《てっしん》さんなどは、この「赭鞭一撻」を見て、「えらいもんやなあ、牧野はここに書いてあることをすべて一生かけて実現したもんなあ」と言って感心しておりました。

そのほかに、この十五カ条の中で私が一番面白いと思っているのは、第九条の「ケチな人間は、植物学者になれない」。たしかにそれはそう。ただ、どうもこれは、自分がやりたいことをやり通すために裕福な実家を潰してしまうかもしれない、ということについての自己弁護のように聞こえなくもありませんよね。

志を立て、いざ、東京へ

さて、近辺の植物採集や勉強会、政治活動など、佐川での様々な活動にいったん終止符を打った富太郎は、大きな決心をします。

「こんな山の中におったらいかん。学問をするためにはやっぱり東京に出にゃならん」

明治17（1884）年、富太郎、22歳のときのことです。

3年ぶりの上京。明治14（1881）年の勧業博覧会見物を名目とした最初の上京の際は、浪子おばあさんのさしがねで二人のお供がつけられましたが、2回目となる今回は「ともに学問を目指す」友人二人を道づれにしての上京です。

東京での下宿先は、飯田橋の山田顕義《あきよし》の屋敷の近くに定まりました。そして、一緒に上京した友人二人は、それぞれの道の学校に入ります。

しかし、富太郎の東京での日々は、友人たちとは全く違った形をとります。彼は、毎日出かけては東京のあちこちで植物採集を続け、その標本づくりで下宿の部屋は泥だらけ。そうした中で、富太郎は東京大学の植物学教室を訪問する意向を持ち続けていました。

実は、「土佐植物目録」という自作の研究ノートを持っていて、これを東京大学の植物学教室の先生方に見てもらいたい。そういう思いを持っての上京であったわけです。

先に紹介した自由民権運動からの脱退の後、富太郎は高知県の西部地域の植物採集旅行を行い、山野をめぐっています。そして、その採集旅行の成果をまとめた研究ノートが「土佐植物目録」。

当時は、きちんとした植物分類の本がありませんので、採集した草木についての情報は、地元の人々が先生です。お百姓さんが先生。お手伝いの女の子も先生。そうした市井の人々から、一つひとつの草木について聞き取りをする。

「この草は何というぞね」

「旦那さん、私らはこれを、ビルムシロというてます」

「ああ、ビルムシロか」

村人の言葉をメモに書き留めて、その草花を綿密に写生する。そして帰宅してから専門書を開き、文献に当たり、それが「ヒルムシロ」と表記されているのを突き止める。こうして、村人が「ビルムシロ」と呼んでいるものが実は「ヒルムシロ」という名前の草花であったのだと確認する。確認できないものは、ひょっとしたら新種かもしれない……。

こんな具合で、村から村、山から山へと調査を進めていきます。「雑草という名の草はない」という富太郎生涯のモットーの原点はここにあります。

のちに兵庫県の「県花」になってよく知られることになるノジギクなども、このときにすでに発見していたと言われています。

採集した草木の詳細な絵をノートに描く。もちろん一般にはカメラなどない時代。ですから、見たものは、ひたすら写生するしかありません。

採集した草花を綿密に、緻密に、それも様々な角度から見た様子を描く。そして、取材した情報を事細かに書き添える。こうした地道な努力を重ねて、自分なりの工夫を加えて完成させた研究ノートが5、6冊できた。それが「土佐植物目録」でした。

いわば、富太郎の自信作。こういうものが出来上がると、どうしても専門家に見せたくなる。評価を聞いてみたくなる。できるならば、その世界のトップにいる人の意見をうかがいたい。

そうなると、やっぱり東京大学の植物学教室か。

そういう思いを抱いて上京した牧野富太郎に、東京大学を訪ねる機会が訪れます。そして、植物学者への道が大きく開かれていきます。

第三章　青雲の志を抱いて、東京へ

東京大学植物学教室へ

二度目の上京を果たし、東京での日々もいくらか落ち着きを見せ始めたある日、意を決した牧野富太郎はその足を神田一ツ橋に向けます。明治17（1884）年の春、富太郎22歳のころのことです。

一ツ橋の東京大学理学部植物学教室には、そのころ三人の専門学者がおりました。リーダーが教授の矢田部良吉。それに助教授の松村任三《じんぞう》と助手の大久保三郎の三人。三人いたとはいえ、逆にいえば、三人しかいなかった。それが当時の日本の植物学の現実であったわけです。

矢田部良吉はちょうどアメリカ留学から帰ってきたばかりの気鋭の学者で、東京大学植物学の初代教授。年齢は富太郎の11歳上ですから、このころは33歳。この人はアメリカ留学の前に、ジョン万次郎こと中濱《なかはま》万次郎に英語を習っています。

ジョン万次郎は土佐の少年漁師として出漁中に遭難漂流し、アメリカ捕鯨船に助けられて、アメリカ本土で市民教育を受け社会人になった人ですから、明治初期としては「生の英語」を喋《しゃべ》ることができる唯一の日本人だったわけです。

また、松村任三助教授も、ドイツ留学から帰ってきたばかりの精鋭。このとき28歳ですから、富太郎の6歳上。

明治初期、文明開化期を担った人々はどの分野でもそうかもしれませんが、いずれにせよ、皆、本当に若い。そうした日本の植物学の最先端にいる学者たちを、土佐からやってきた牧野富太郎という若者が突然訪ねようとしている……。

多分、このときの富太郎は、武者修行の旅に出た若い剣術使いが江戸の名門道場に手合わせを頼みにいく、そんな心意気ではなかったか、と想像しています。

矢田部教授は、先のジョン万次郎との経緯もあって、「土佐の男」にちょっと興味があったのかもしれませんが、いずれにせよ日本のトップにいる学者が突然訪ねて来た「土佐の男」に会うことになった。いや、会うことを許可した。

私は、このあたりに、明治という時代のおおらかさ、明るさのようなものを感じております。多分、現代ではありえないような感覚だろうと思います。

「土佐から珍しい男が来たらしいよ」「それも、植物マニアらしいね」「ちょっと会ってみますかね」

こんな感じだったかもしれませんが、ともあれ、富太郎にとっては幸運だったということは間違いありません。

会ってみて、矢田部教授や松村助教授は驚いた。この男は、単なる「土佐から来た珍客」ではないようだし、普通の「植物好き」でもなさそうだ。

話を聞いてみて、さらに驚いた。

自分は「土佐植物目録」を作ったけれど、これを進めて「日本植物目録」を作りたい。「日本植物志」を編纂《へんさん》したい。そんなことを言う。

「植物目録」つまり、学問的に言えば「植物分類」学。それって、これから自分たち学者が取り掛かろうとしている日本の学問の大事業ではないか。この男は、いったい何者なんだ。いったい何をしようとしているのか。

「世の中に素人ほど怖いものはない」というけれど、このときの富太郎はまさに怖いものなしだったのでしょうね。

日本の最高学府の学者で、この国に一人か二人かという植物学の専門学者に対して、自分がどれだけ植物が好きか、どれだけ勉強してきたかを勢いよく語り始める。

そして、これからも必死で勉強して、日本の植物学を世界水準に引き上げ、欧米に負けないようなものにしなければならないと思っている等々、熱を込めて語り続ける。

学者の先生たちも、目の前に突然現れた「土佐の植物好きの男」の話を愉快に思って聞いていたのではないでしょうか。そして、話の内容も、情熱のレベルに見合うように実にしっかりしたものだ、という気持ちも湧いてきて……。

壮大にして誠実な思いのこもった語り。矢田部教授も松村助教授も、その迫力に圧倒されたというか、びっくりしながらも、ある種の感銘を受けたのかもしれません。

「牧野君、いい話を聞かせてもらった。日本の植物学発展は我々もこころから願っていることだから、君の思いは非常にうれしい。君が勉強したいのなら、ここに来て、大いにやればいいよ」

矢田部教授は、こう言って富太郎が東京大学の植物学教室に出入りすることを許可してくれたのでした。

当時、植物学、植物分類学などをやる人はごくわずか。教授は、こうした情熱を持った「同好の士」がいることが率直にうれしかったんだと思います。

「ここには外国の有名な学者が書いた本もあるし、資料もある。標本もある。それらも自由に使ったらいい」

こういう好意と厚意に満ちた言葉も添えてくれたのでした。

たぶん、気が向いたらいつでもいいから顔を見せてくれたまえ、それくらいなら、私たちもいつでも歓待するよ、君は面白い男だからね、といったくらいの軽い気持ちだったと思います。基本的に悪い人たちではありませんから。

しかし、それにしても、まさか次の日から、そして、毎日やってくるようになるとは思わなかった……。

一方、富太郎は矢田部教授や松村助教授の「励ましの言葉」を受けて、大感激。先の上京で博物局を訪ね、田中芳男に「植物を師匠と思って勉強しなさい」と声をかけてもらったときと同じような高揚感に包まれたことでしょう。

「日本植物志」を作る、そういった思いをさらに高めるとともに、勉強、研究への意欲をさらに強めたのはいうまでもありません。以降、飯田橋の下宿から毎日、一ツ橋の東大に通い始めます。

これが、このあと数十年にわたって続くことになる「牧野富太郎と東京大学」の関係の幕開けでした。

東京と土佐の往復の中で

一ツ橋の東大理学部植物学教室に毎日通う富太郎。「水を得た魚」とは、まさにこういうことを言うのでしょう。しかし、世間から見れば、土佐の造り酒屋の若旦那の「学問道楽」というふうに映っても仕方のないところ。

地元、佐川の人々も富太郎の優秀さはよく知ってはいるものの、岸屋の旦那の植物道楽が高じて、今度はちょっと長めの「東京遊学」、というのが大方の見方だったのではないでしょうか。

「岸屋の富太郎さん、学生でもないのに毎日東大に行きよるらしい」という話です。

実際、富太郎自身も東京で暮らしを立てる、店をたたんで故郷を出る、というところまでは、まだ気持ちも固まっていなかったようです。

また、富太郎の東大植物学教室への精勤ぶりは、できるだけ早く勉強できることは勉強して、一度は佐川に帰らなければ、という思いの表れであったかもしれません。

富太郎の祖父小左衛門が亡くなった後の岸屋は、祖母の浪子の差配のもと、番頭の井上和之助を中心として仕事を回しているという状況でした。

　番頭の和之助は実直な性格で、頭も切れる、営業も立つという人で、とりあえず岸屋は安泰。ただ、当主の富太郎は、時には帳場に座ることもあったようですが、やはり気持ちは大きく「植物学」に傾いている様子……。

　そして、浪子おばあさんはといえば、富太郎が成人したら従妹の猶《なお》と結婚させて、岸屋の将来を託そうと考えていて、早くから猶を富太郎の許嫁《いいなずけ》としていたわけです。先に紹介しましたように、猶は高知の女子師範学校に学んだ優秀な女性で、卒業後は佐川に戻って岸屋の仕事を手伝ったり、浪子おばあさんの世話をしたりといった日々を送っていました。

　そうした中での上京であったわけですから、富太郎も複雑な思いを抱えてのことだったと思われます。

　一方で、富太郎にとって東京の生活はあれもこれも刺激的で面白い。植物学教室に通ううちに、親しい人々も増えていきます。

　富太郎の心の揺れを表すように、このころから東京大学植物学教室の助手になる明治26（1893）年あたりまで、つまり20代の日々の中で何度も東京と高知・佐川の間を行ったり来たりしています。

自伝では「東京の生活が飽きると、私は郷里へ帰り、郷里の生活が退屈になると、また東京へ出るという具合に、私は郷里と東京との間を、大体一年毎《ごと》に往復した」と気軽に書いていますが、この往復のための旅費も、東京の滞在費も、学問研究のための費用も相当のものになったと思われます。

富太郎はこうした諸経費を、足りなくなったら「足りなくなった」ということで岸屋に頼り続けます。この人はお金の心配というものをほとんどしていない。

そして、浪子おばあさんも、番頭の井上和之助も、また猶も、黙ってその要請に応え続けます。すべては、大事な富太郎のために、ということで……。

「菊の露」という銘柄の日本酒を造り財を築いてきた岸屋ですが、やがて家運も傾き始め家業を終了するという日がやってきます。

自らの決意表明である「赭鞭《しゃべん》一撻《いったつ》」の第十一条に「ケチな人間は植物学をやってはいかん」と書いた富太郎ではありますが、彼自身の出費が家運を傾けたわけですし、やはり主人がほとんど店にいない商家に隆盛は望めないというのは、世間の常識の通り。

しかし、牧野富太郎という人は世間の常識とは違うところで生きたのですから、しようがありません。

牧野富太郎のことを「道楽な人」ということがありますが、大きな意味では植物学もこの人の「大きな道楽」だったのかもしれません。そういう面では、一生「道楽」を通した男と言ってもいいでしょうね。

佐川では、岸屋最後の日までの時の流れの中で、猶との結婚と別れ、浪子おばあさんの死去といった大きな出来事もありました。

最終的に、富太郎は家業をたたむにあたり、後事を番頭の井上と猶に託し、残った財産の一部を手に、以降、生活の拠点を東京に移すことを決意します。

酒造家「岸屋」を偲《しの》ぶよすがとして、平成年間まで佐川の銘酒「司牡丹」の敷地内に「牧野蔵」と呼ばれる建物がありましたが、残念ながら今はその姿を見ることもなくなりました。

マキシモヴィッチと日本の植物学

さて、ここからは東京での20代の富太郎の日々を振り返ってみたいと思います。

まず、富太郎がなぜここまで「植物学」、「植物分類学」に熱を入れたのか。端的に言えば、それは世界水準に比して日本のレベルが明らかに低かったから。

これをどうにかしなければならん、というのが素朴な部分での富太郎の思いだったようで、一種の「義憤」ですね。

これは、明治維新に遅れて来た青年たちに共通の思いで、大きく言えば、学問的「ナショナリズム」の高揚。後進国日本がどうすれば世界に伍していけるか、という明治初期に特徴的な、健全なナショナリズムの発露です。

たとえば、日本人が新種かと思われる植物を発見したとしても、それを日本人自らの手で発表することができない。日本人が発表したとしても、世界の学会からは「本当か？」と思われて相手にされない。そういう状況だったわけです。

では、実際、日本人が新種を発見したらどうするのか。

一つはイギリスの王立研究所の学者に標本を送る、もう一つはロシアのマキシモヴィッチという植物学者に送る。そうして彼ら著名な学者に名前を付けてもらって世界に発表してもらう。

こういう方法しかない。そうしなければ新種として認めてもらえない。つまり、日本の学問レベルがその程度のものだったということ。そうした中で、矢田部教授も松村助教授も、そして牧野富太郎も、もがき苦しんでいたわけです。

別の角度から見れば、この人たちが従来の中国由来の「本草学」から近代「植物学」への橋渡しの役割を担ってくれたということにもなるでしょう。

日本人が発見したものを日本人が発表できなくてどうする。とにかく、日本人の、日本人による植物学、植物分類学が世界レベルにならなくてはいけない。そのためにはどうすればよいのか。ここに牧野富太郎の「志」の第一義があったように思います。

そして、その「志」実現のための第一歩として、富太郎は『植物学雑誌』という刊行物を作ろうとし始めます。明治20（1887）年、25歳のころのことです。

東大植物学教室に毎日のように顔を出していますと、専攻の学生たちとも自然に仲良くなりますね。その中でも、市川延次郎、染谷徳五郎、この二人と特に仲がよくなりまして、三人で「植物学雑誌を創ろうじゃないか」ということで意気投合します。

内容としては、先に紹介したロシアの植物学者マキシモヴィッチからの手紙などを訳して、それに日本人向けの解説をつけて掲載する。そういった素朴なものだったようです。

ここで、キーパーソンとなる「マキシモヴィッチ」について、ちょっと解説しておきましょうか。

カール・ヨハン・マキシモヴィッチは、19世紀の後期に世界的に活躍したロシアの植物学者で、とりわけ日本を含む東アジアの植物の権威として知られた人。

特筆すべきは、幕末期に北海道を訪れ、2年余にわたって植物調査を行っていること。さらに、富太郎の生まれた文久2（1862）年には横浜経由で九州に向かい、長崎周辺の植物も調査。

その後、こうした調査、研究を「日本・満州産新植物の記載」として学術誌に投稿、『アジア産の新植物記載』なども上梓《じょうし》して、生涯を東アジアの植物の解明にささげた。

彼が命名した植物は2300に上ると言われ、その中の「アサノハカエデ」「オニグルミ」「トンボソウ」など、日本を含む東アジアの植物の学名の最後尾には「Maxim（マキシモヴィッチ）」が多く見られる。

また、長崎訪問の折にシーボルトにも会い、結果としてそれまでのシーボルトら西洋人学者による日本の植物研究の成果を引き継ぎ、その流れを矢田部や松村、牧野富太郎ら黎《れい》明期《めいき》の日本の学者に渡していった、という功績も忘れてはならない……。

こういうことになるかと思います。実際、富太郎も東大植物学教室に出入りする前から採集した植物をマキシモヴィッチに送っていました。

また、そうした経緯が、のちのちに再び「マキシモヴィッチと富太郎の関係」を浮上させることになりますので、ぜひこのロシア人の大植物学者の名前は覚えておいてください。

「植物画」のために印刷会社の従業員になる

以上のような、当時の日本植物学界の事情を踏まえて、東大植物学教室の学生の市川延次郎、染谷徳五郎、そして牧野富太郎の三人の若者が、若者らしく日本の植物学のレベル向上のためにと意気込んで、『植物学雑誌』の創刊に取り掛かります。

東大の学生たちも、毎日植物学教室に入りびたりの土佐の男を仲間のように扱うようになっていたのです。

師の矢田部教授にも手を入れてもらえるように段取りをつけ、『植物学雑誌』創刊に漕《こ》ぎつけたのが、明治20（1887）年2月の中ごろのこと。

そして、2年後のこの雑誌に、富太郎は以前に高知の名野川《なのがわ》村というところで発見していた「ヤマトグサ」という植物について発表します。これが、日本人が発見した新種を日本人自ら「リンネの命名法」に則《のっと》って命名して世界に発信した第1号と言われています。

学術的な命名の仕方にはルールがあって、それが「リンネの命名法」と言われるもの。生物学で用いられる世界共通の名前のことを「学名」というわけですが、その学名の命名には動物、植物それぞれに国際的な命名規約が設けられています。

18世紀のスウェーデンの植物学者リンネが案出した「リンネの命名法」が一般的で、「属」と「種」の名を併記し、そのあとに命名者の名を付記するのが通例。

たとえば、最後にマキシモヴィッチ、牧野ならマキシモヴィッチならマキノの名を付ける、こういうわけですが、このあたりが人間の感情の部分で非常に微妙になってくることがある。たとえ高名な学者でも……、であります。

さてさて、こうした、刊行物、印刷物に関わる流れの中で、富太郎の徹底ぶりを端的に物語るエピソードが生まれています。

富太郎はもともと、植物画に天才的な才能を発揮していますが、そうした詳細な植物画を線、色ともに印刷的に充分に再現させるために、とんでもない努力、常識では考えられない行動をしているのです。

まず、日本の当時の印刷技術では色も線も、写真のように再現することはできない。それどころか、絵に描いたものを忠実に再現するのも難しい。しかし、多くの人と知識を共有し、植物学を広めていくには印刷物に頼るしかない。

こういう現状認識のもと、富太郎はどういう行動をとることにしたのか。

下宿にほど近い神田錦町《にしきちょう》に太田製版所という会社がありました。太田義二という人がやっていた印刷会社ですが、富太郎はそこに行って「印刷技術の勉強がしたいので、一年間、徒弟として働かせてほしい」と頼み込んだのです。

太田さんがびっくりしたのは当然です。いきなりそんなことを言われても困る。

「いやいや、今うちは徒弟なんかいらないんです。第一、そんな給料も払えないし」

これに対して、富太郎はこう言いました。

「いや社長さん、給料はいいんですよ、もらわなくても。逆に、お金は払いますから一年の間、ここで働かせてください」

妙な従業員もあったものですが、そうして富太郎は印刷の勉強を現場で一年間必死にやって、印刷技術を身につける。それも、当時では色物や繊細な線の印刷では最高といわれた石版《せきばん》印刷の色刷りの技術の習得。

富太郎は、このときされいな色と線を摺《す》り出すことができる最新の印刷技術をどうしても自分のものにしたかったのでしょう。だから、そういうところまでやる。無給の印刷労働者になってでもやる。本当に、徹底的な「徹底主義者」だと思いますね。

明治20年ごろという時点では、当時の高知新聞社も石版印刷機を持っておらず、しばらくの間、色物の印刷などは大阪の印刷会社に依頼していたそうですから、このとき富太郎が東京で習得した技術は確かに最新のものだったと思われます。

ただ、それだけで終わらないのが牧野富太郎。この人は、何と、その石版印刷機を購入し、それを高知の佐川まで持っていき、そこで印刷活動を始めようとするのです。

自分がやろうとしている小さな雑誌のために、もっといえばそこに入れる植物画の「色や線」のために最新の印刷機械を買うというのもとんでもない話ですが、それを高知の佐川まで送ってしまうというのも、当時としては、ある意味けた外れの発想と言えるのではないでしょうか。

「印刷なんてどこでやっても同じじゃ。印刷の知識と技術を身につけた自分がいて、そこに印刷機械があれば、佐川でもできるじゃろう」

こう思ったのかどうか、それは分かりませんが、結局、この高知での印刷活動は頓挫してしまい、機械はまた東京に送り返されました。

まあこれは、「牧野富太郎はただ者ではない」ということを物語る、よく知られたエピソードですが、一方で「いやあ、牧野という男にはすっかり振り回されたよ」と言う人も決して少なくはない、と思われます。

また、それとは違う方向ですが、このときに富太郎自身が身につけた印刷技術の知識がのちのちの図鑑制作のときの徹底的な校正につながり、それによって出版社が振り回されるという話につながっていくわけです。そちらのエピソードの数々はまた後の章にて、ということにいたしましょう。

第四章

壽衛《すえ》との出会いと
人生の暗転と

念願の『日本植物志図篇』の刊行と研究の日々

若者たちの意気と力で『植物学雑誌』を創刊した牧野富太郎は、さらに大きな目標『日本植物志図篇』の刊行に向けて動き始めます。先の石版印刷の技術習得も、この「図篇」のためにあったようなものですから、富太郎自身は元気いっぱい、わくわくしながら取り組んだものと思われます。

ただ、これも、もちろん、自費出版、つまりほとんどの費用は牧野持ち。岸屋の財産から引っ張ったお金。

すべて「富太郎のために」ということが生きがいだった浪子おばあさんは前年の明治20（1887）年の5月に亡くなってしまいましたけれど、岸屋の後事を託された猶《なお》と番頭の井上も、富太郎に要請されるまま送金を続けます。

そうして明治21（1888）年の11月、『日本植物志図篇』の第一巻第一集がついに刊行されます。日本の「図鑑」の走りとされる画期的な出版物。このとき、牧野は26歳になっておりました。

この本を見た矢田部良吉教授も、松村任三助教授も、また送付を受けたロシアの大学者マキシモヴィッチも、その出来の素晴らしさに驚嘆します。くっきりと浮かび上がる植物画のきれいな描線、美しく鮮やかな色合い。石版印刷技術修練のたまものです。描かれた植物のトリミングの仕方もいい。細密さも申し分ない。根の掘り方もうまくやらないとこうした状態の写生はできないだろう。実を割って見た時の描き方も絶妙だ。

「牧野君、これはいい。これは立派なものだよ。ぜひ続けたまえ」

矢田部教授のこういった賞賛と励ましの言葉を受けて、富太郎はますます研究と『植物学雑誌』『日本植物志図篇』の刊行続行に傾注していくのでした。

研究者としての富太郎の足跡をたどってみると、たとえば、先に紹介した「ヤマトグサ」の命名日本第1号の件もそうですが、明治23（１８９０）年には「ムジナモ」の発見というトピックスがあります。

ムジナモは多年生の水草で、モウセンゴケ科の食虫植物。形状がムジナのしっぽに似ているのでその名がついています。ムジナはアナグマのことだとかタヌキの異称だとか言われますが、「同じ穴のムジナ」のあのムジナです。

明治のそのころまでは、ヨーロッパやインドなどに点在することは確認されていましたが、日本にあるとは思われていなかった。その水草を富太郎が江戸川の近く、当時の東京府下小岩村《しもこいわむら》で発見する。このことで、一躍、牧野の名前は世界の植物学界に知られるようになりました。「ムジナのマキノ」というわけです。世間的な言い方をすれば、研究者としてのヒット作を出した、ということ。

このように、富太郎は研究者の道を順調に歩んでおりました。

一方、私生活の方はどうかというと、こちらもこのころに大きな転換期を迎えています。相変わらず、1年おきのように東京と高知・佐川の間を行ったり来たりする中で、のちに妻となる小沢壽衛《すえ》との出会いがありました。

いごっそうで優男、酒造家で甘党

ここで、話はちょっと横道にそれますが、牧野富太郎という人の基本的なキャラクターについて、確認しておきたいと思います。

まず、ここまでの牧野富太郎という一人の人間の物語ですでにお分かりかと思いますが、この人は基本的に頭が良くて博覧強記。理想主義者で合理主義者です。良いと思い、理屈に合うと思ったことは人が何と言おうとやる。それも、徹底的にやる。自分が納得できるまでやる。

こういう性格は、見方を変えれば、片意地、意固地、偏屈、独善的ということになるかもしれません。

彼の故郷の高知県、土佐の国には男の典型的なキャラクターとして「いごっそう」というものがあります。熊本の「もっこす」、あるいは津軽の「じょっぱり」などと似たようなニュアンスの県民キャラクターとしてよく知られていますが、「いごっそう」を「異骨相」と書くむきもあるように、かなり変わり者キャラが強い。辺境という風土性が生んだ「国民性」かもしれません。

これを良い方の一面で語れば「一途《いちず》」であったり「徹底主義」であったり、今の言葉でいえば「ブレない」ということであったりします。ですから、「いごっそう」ぶりが発揮された結果、成功に導かれたということも多々あります。

一方で、これが悪い方に出ると、単なる「意固地」「意地っ張り」「片意地」「偏屈」といった要素満載になってしまいます。ですから、「意固地」な顔、つまり「意固地相」が変化して「いごっそう」になったと言う人もいます。

この「いごっそう」の良い面、悪い面が出やすいのが、「権力」や「権勢」「権威」に対したときの対応。

まず「いごっそう」は、いわゆる「権柄《けんぺい》ずく」に出られるのが大嫌い。権力、権威におもねらない。へつらわない。おもねらないどころか、すぐに逆の態度、行動をとりたがるのですから厄介というか、面倒くさい。まあ、それを応援するか、阿呆《あほう》じゃと見るかは、人それぞれ、としておきましょうか。

いずれにせよ、必ずひとことある。

たとえば、「今日は寒いな」と言うと「いや、三日前がもっと寒かった」。こんなふうなことで、決して付和雷同しない。

ただ、「いごっそう」に救いがあるのは、どこかに愛敬があるというか、その意固地ぶりが妙に滑稽で笑える部分があること。ある意味で、「いごっそう」は愛されキャラでもあるわけです。

こう考えてくると、牧野富太郎という人はかなり「いごっそう」的な部分を持った人物のような気がしてきますね。

しかしながら、一方で「土佐のいごっそう」というといわゆる偉丈夫で男くさくて、というイメージが浮上しますが、富太郎はそれとは正反対の男前、見た目でいえば「きれいな顔をした優男《やさおとこ》」であります。

さらに、「土佐の男」といえば大酒飲み、酒豪。これが今でも一般的なイメージであるようですが、富太郎は、酒は一切ダメ。つまり、下戸で、しかも甘党です。

そのうえ、この人は「有名な造り酒屋」の跡取り息子ときていますから、これだけでも「ほんまかよ」ということで妙に笑えてきます。

土佐の「いごっそう」で（というか、なのに、というべきか）男前の優男、そして「土佐の男」なのに、酒が飲めない。酒が飲めないのに、なんと「造り酒屋」の跡取り息子であって、逆に饅頭《まんじゅう》やあんころ餅が大好きな甘党。

こうした入り組んだキャラを持った男が、澄んだ目をして、誰もが気を許すような非常に魅力的な笑顔でやってくる。

こういう男に出会ったら……、男も女もなかなか厄介ですよね。

いずれにせよ、酒が飲めない、甘党の男が跡取りでは、いくら有名な造り酒屋でも家運が傾くのはしようがないか、という気もしてきます。

壽衛との出会い

話を、元の時系列に戻します。

明治の20年前後、富太郎が25、26歳のころ、彼は麴町《こうじまち》の若藤宗則という人のところに下宿をしておりました。この若藤さんも、土佐出身。ここから一ツ橋の東大に通ったり、各地の植物採集に出かけたりしていたわけです。

そうしたある日のこと。下宿を出て九段の坂を下り、不忍《しのばず》方面に足を延ばしておりましたところ、途中で小川小路という横丁に出る。そこに、小さな和菓子屋がありました。

富太郎は、先に紹介したように、酒造家の一人息子ではあるけれど、酒は飲めない。東京暮らしの中でただ一つの楽しみは、出かけた帰りに菓子屋に寄って、お菓子を買って紙袋に入れて下宿に帰り、一人でそれをポリポリかじりながら、夜、一生懸命勉強すること。

そんな富太郎が、通りかかった小川小路でふと立ち止まったのが「小沢」という菓子屋。

この家の父親は元彦根藩士で小沢一政という立派な武士。明治維新の前は飯田町に大きな屋敷を構えておりました。

ところが明治のご一新ということで、それまでの武士の暮らしは崩壊し、今はこの小川小路というところで母親とお嬢さんの二人で菓子屋をやって小さな商いを立てる日々。そのお嬢さんというのが、小沢壽衛《すえ》という人。富太郎は偶然通りかかった小さな通りにある小さな菓子屋で、店に座るこの女性に出会った。その人が、のちに富太郎の妻となり、富太郎の研究生活を一身に支えた続けた壽衛さんであったわけです。

植物採集がてらの散策がなければ小川小路に行き当たることもなかったかもしれませんし、また、甘党でなければそこのお菓子屋さんに立ち寄ることもなかったかもしれません。まことに人の出会いは不思議なものですね。

このとき、偶然に出会ったお菓子屋さんの娘が富太郎の胸にストンと落ちた。いわゆる、ひとめぼれ、であります。壽衛さんのほうも、きれいな顔をした学生風の男に「憎からず」の思いはあったのではないでしょうか。

しかし、富太郎も明治の男ですから、今の人のように相手の女性に直接「付き合ってください」というわけにはいかない。そこで、思いの丈を、例の石版印刷の件でお世話になり、懇意になった太田製版所の太田義二社長に聞いてもらう。

「よろしゅうござんす。あっしがちょいと行ってまいりましょう」

太田義二はがってん承知の二つ返事で、小川小路へ。

こうした顔を利かせる人、仲を取り持つ人がおりましてこそ、ことは進みます。そしてこうして、富太郎と壽衛の二人は東京・根岸で所帯を持つことになりました。富太郎26歳、11歳年下の壽衛は15歳でありました。

ちなみに、壽衛については「壽衛子」とか「スエ子」とか書かれた書物もありますが、それは通称ですので、ここでは戸籍名の「壽衛」の表記で統一しておきたいと思います。

それと、先に「二人は所帯を持つことになった」というような、ちょっと持って回った言い方をしたのは、わけがあります。

富太郎と壽衛が一緒に暮らし始めたのは明治21（1888年）年、例の『日本植物志図篇』の刊行を始めたその年でありますが、この時点で、佐川に残してきた猶との婚姻関係が解消されていたかどうか、ちょっと微妙なところ……。

もし、このとき、猶との婚姻関係が解消されていなければ「重婚」ということになるわけですが、まあ、その辺を厳しく追及しないのも明治の中ごろという時代のおおらかさなのでしょう。

ただ、この辺の事情が反映されているのではないかと思われるのが、いくつかの「牧野富太郎」関連書籍での年表、資料の表記の仕方の違い。

ある年表には明治21年に「壽衛と所帯を持つ」と書かれているのですが、別の年表には明治23年に「小沢壽衛子と結婚」と書かれています。あるいはまた他の資料では明治21年「猶と離婚」とされています。これを、同棲《どうせい》を始めた年と正式に結婚した年などと理解すればある程度納得がいくのですが、まあ、事実はそれに似た事情、経緯があったのではないかと思われます。

確かなことは、牧野富太郎という「一筋縄ではいかない」男を軸に、猶と壽衛という二人の若い女性の人生が交錯した、そういう事実ですね。

いずれにせよ、このときにまだ何者でもない土佐出身の無給の研究者と出会ったことで、壽衛さんはその後大変な苦労を背負うことになる、苦難の人生を歩むことになった、それは間違いのないところであります。

とはいえ、このころの富太郎と壽衛が幸せの絶頂にいたこともまた、間違いありません。そして、この若い二人の住まいを、親友でのちにこちらも高名な植物学者になる池野成一郎らが訪ねて来て、皆で「どうらん」と呼んでいた春木町「梅月」の栗饅頭《くりまんじゅう》などを食べながら植物談議にふける。そばで壽衛がうれしそうに見ている。

本当に幸せなひとときであったでしょうし、そうした中で、富太郎はもっともっと植物学の研究を進めるぞ、大いにやるぞ、という気持ちを高めていたのだろうと思います。

「植物学教室への出入り禁止」宣告

富太郎が心血をそそいで刊行を続けている『日本植物志図篇』が学界でも評判を呼び、一方、私生活でも壽衛という素晴らしい伴侶を得て幸せの絶頂にある、明治23（1890）年、富太郎28歳のころのこと。

ここまで、順風満帆とまでは言えなくても、それなりに順調に推移してきた牧野富太郎の草花人生が、突然暗転します。東大植物学教室の主任教授矢田部良吉による「植物学教室への出入り禁止」宣告です。

今、幸せの真っただ中、これから先も順調に進むだろう、前途洋々、未来は明るいと思われていた富太郎の人生の、突然の暗転でした。

ある日、いつものように一ツ橋の東大植物学教室に出かけた富太郎を、矢田部教授が呼び止めます。

「牧野君、ちょっと来たまえ」

何だろうといぶかしがりながら富太郎が教授の部屋に入ると、いきなり、こう切り出されたのでした。

「君が自費でやっているあの植物志図篇、あれ、今、七巻ほど出ているそうだが、そこまでにしてほしいんだね。今度、大学の方であれと同じようなものをやることになったんだよ。だから、君の方の出版はやめてもらう。君は個人でやっているといっても、実際はこの大学の植物学教室の資料を使って勉強してやっていることだ。だから、出版もやめてほしいし、以後は、ここに入らないようにしてほしい」

東大植物学教室への出入り禁止。信頼していた矢田部教授からの、信じられないような宣告でした。また、『日本植物志図篇』の出版差し止め通告も、脳天を打ち砕かれるような衝撃でした。

日本の植物学の向上のために、植物学教室に集う同志とともに、皆で力を合わせて「日本植物志図篇」を制作し、刊行しているんだ、皆のためにやっているんだ。そう思ってここまでやってきたのに、すべて手を引け、と言われたのだ……。

「先生、それだけはどうぞ許してください。『日本植物志図篇』、あれは私の命です。なん

「君は本来、大学とは何の関係もない男だ。教師でもなければ学生でもない。それが大学の方針に反対するなら、大学への出入りを禁じます」と矢田部良吉主任教授。

とか、なんとか、やらせてください」

富太郎の必死の懇願に、矢田部教授はこう答えるのでした。

「ダメだよ、牧野君。君は大学という組織をどういうふうに考えているんだ。君は本来、東京大学に何の関係もない人間じゃないか。私の好意で出入りを許しているだけなんだよ」

確かに自分は東大の学生でも教員でもない。愕然《がくぜん》とする富太郎に、矢田部教授はさらにこう続けます。

「それが何だ、我が物顔に出入りして。明日から、ここに来るのを禁じる」

考えもしなかった展開に困惑する富太郎でしたが、それでも何とか気を取り直し、改めて矢田部教授の自宅を訪ねます。そして、手をついて懇願するのでした。

「先生、日本で植物学を勉強している者はまだまだ少ないんです。日本の植物学のために、どうか『日本植物志図篇』の刊行を続けさせてください。お願いします」

しかし、教授は「帰りたまえ」とひとこと言ったきりで、けんもほろろの対応。富太郎は足元が崩れるような思いを抱きながら帰途につくしかありませんでした。

矢田部良吉という人も、最初は富太郎を快く植物学教室に受け入れた人ですから、基本的にはいい人だと思います。立派な人です。

ただ、このときは、「ヤマトグサ」の学名を日本人で初めてつけたり、「ムジナモ」の発見という世界的なトピックスをやったり、『日本植物志図篇』のような学会注目の刊行物を出したりする富太郎に対して、同じ道の大先輩として、複雑な思いを抱いていたのかもしれませんね。

世間的に言えば、やっかみ、ということになりますが、どんな立派な人でもこのあたりは何とも難しい、人間は難しいよ、というところでありましょうか。

こうなったらもう日本では植物学の研究はできない。そうだ、ロシアのマキシモヴィッチのところへ行こうと、決心する富太郎。

ニコライ堂とマキシモヴィッチと富太郎

矢田部教授の自宅があった麴町富士見町から壽衛の待つ根岸までの帰り道、御茶ノ水の切り通しを力なくふらふらと歩いていく富太郎。

ふと見ると、そこには創建中のニコライ堂の威容がありました。

そうだ、こうなったら俺はもう日本では植物学の勉強はできないし、ロシアに行ってマキシモヴィッチさんのところでやりなおそうか。

こういう思いが胸をよぎったとたん、

富太郎の足はニコライ堂に向かっていました。

なぜ富太郎の胸にそういう思いが生じたのか。ここで少し御茶ノ水のニコライ堂と植物学者マキシモヴィッチの関係を説明しておきましょうか。

神田駿河台《するがだい》にそびえるニコライ堂（東京復活大聖堂）は、今も御茶ノ水界隈《かいわい》を代表する東京名所のひとつですが、この明治23（1890）年といえばちょうど建設の真っ最中で、完成も間近というころ。

いわゆるロシア正教会の日本における指導者、聖ニコライの総指揮のもと、着工したのが明治17（1884）年で、実施設計は帝国ホテルなどの名建築を手がけたあのジョサイア・コンドル。建設資金はロシアからの寄付金と日本の信徒の献金によって賄われたということです。

少し余談になりますが、このときニコライを助けて奮闘したのが沢辺琢磨《さわべたくま》。この人は坂本龍馬の従兄でありまして、新島襄《にいじまじょう》が箱館から脱国してアメリカに向かうときの手助けをしたことでも知られています。

土佐、江戸、箱館という数奇な運命をたどり、ニコライのもとで受洗して日本人で最初の正教の司祭になった人。

そして、駿河台のニコライ堂建設の折、このような建築物が皇居を見下ろすのはけしからんという右翼の妨害を受けますが、堂々これを退け、ニコライを守る活躍をしていますね。沢辺琢磨もまた、一人の「いごっそう」であったと思います。

さて、当時の大事業であるニコライ堂建設を指揮した聖ニコライですが、その足跡をたどってみると、この宗教者の偉大さがよく分かってきます。

幕末期、ペリー提督の箱館来航の約4か月後、プチャーチン提督率いるロシア軍艦が入港した箱館には、安政5（1858）年に日本最初のロシア領事館が開設されました。そして、万延元《まんえん》（1860）年にその領事館の隣にロシア正教会の聖堂（現在の函館ハリストス正教会）が建立され、翌年、ニコライが赴任して箱館を正教布教の本拠地とします。このときに箱館ロシア領事館付きの植物学者として在籍していたのがマキシモヴィッチでした。

彼は、ニコライに導かれて正教会信徒となった日本人を助手として箱館山周辺の植物の採集、調査を進め、さらに江戸や長崎までその歩みを広げています。そして、日本人の頭の良さや勤勉さを信頼したのでしょう。

その日本人助手須川長之助《すがわちょうのすけ》に植物の研究法を教え、彼を伴って日本各地の植物調査をしています。

また、同時代性という意味では、マキシモヴィッチが須川長之助を助手として日本各地の植物調査をしているときに、土佐の山の中、佐川で生まれたのが牧野富太郎ということになります。

こういう経緯を見れば、明治の最初期に植物学を学ぼうとした人々が、ロシア人のマキシモヴィッチを「日本の植物学の父」のように慕ったのもよく分かります。そして、富太郎が植物学を志す者としてマキシモヴィッチと聖ニコライの関係を知っていたということも頷《うなず》けます。

ロシア亡命計画とマキシモヴィッチの死

富太郎は、気持ちのおもむくままにニコライ堂に入り、聖ニコライに面会します。そして、事情を打ち明け、マキシモヴィッチのもとに行くことについての援助を頼みます。

聖ニコライも、さすがに大人物、見も知らぬ青年ではありますが、その真摯な訴えを聞いて胸に迫るものがあったのでしょうね。もちろん、かわいそうにという宗教者らしい同情心もあったと思います。

それでは、私からマキシモヴィッチに手紙を書いてあげようとか、外務省に掛け合ってあげようとか、そういった話がきっとあったのでしょう。富太郎が感激したことは言うまでもありません。

こういう話をすると、必ず「そんなえらい人が、飛び込みの若造に会ったり話を聞いたりしますかねえ」と言う人がいますね。でも、歴史はときどきそういう奇跡のようなことをするんです。そういうことが実際にあるから、歴史は面白いんです。

また、富太郎の場合は、最初の上京の折に飛び込みで行った博物局の田中芳男たちの対応や、二度目の上京で突然訪ねた際の東大植物学教室の矢田部教授たちの対応などを見ても分かるように、彼の理想主義者としての率直な物言いが大物の相手の胸に突き刺さる、そういったことがしばしばあったように思います。

それにしても、いくら植物学一途とはいえ、いくら若いとはいえ、普通は日本がだめならロシアがあるさ、とはならない。このあたりが富太郎の徹底主義者ぶりといいますか、「いごっそう」の本領発揮といいますか、面目躍如といったところ。

というわけで、先ほどの意気消沈の足取りとは打って変わって、足早に帰途につきます。

そして迎えた壽衛に、こう切り出しました。

「お前、俺と一緒にロシアに行ってくれ」

もちろん壽衛はびっくり仰天。それはそうでしょう。出て行って、帰って来たと思ったら、いきなり、ロシアですから。

驚く妻に、富太郎は順次、この間の事情を説明します。

矢田部教授に『日本植物志図篇』の刊行を止めるように言われたこと。東大植物学教室に出入りすることを禁じられたこと。

こうなれば自分は日本で植物学を研究する場がないこと。したがって、ロシアのマキシモヴィッチのもとに行き、向こうで研究を続けるしかないと思い、ロシア行きをニコライに依頼してきたことなどを、意気込むように話して聞かせます。

すると、壽衛は即座にこう応えたのでした。

「分かりました。それでは一緒にロシアに参りましょう」

このあたりの潔《いさぎよ》さは、さすが武士の娘。それに、「この人は言い出したらきかないから」ということが彼女にはよく分かっている。

恋女房の健気《けなげ》な対応に、ますますロシアへの思い、マキシモヴィッチへの思いをつのらせる富太郎でした。

こうした切羽詰まった気持ちや決意の固さから見て、このときのロシア行きは単なる「留学」意識ではなく、国籍を捨ててまでもという「亡命」のイメージまで持っていたのではないかと思われます。

そうこうしているうちに、年が明けて明治24（1891）年2月の中旬、なかなか返事が来なくてやきもきしている中、待ちかねたマキシモヴィッチからの手紙がやっと届きました。

しかし、その手紙の差出人は、マキシモヴィッチ本人ではなく、彼の娘の名前。どうしたことかと思いながら封を切って文面を読んでみると、なんと「父は、先ごろインフルエンザで死去しました」と書いてあるではありませんか。

なに、と息をのむ富太郎。必死の思いで続く事情を読み進むと次のようなことが書かれていました。

「日本からマキノという青年が来る、マキノが来ると言いながら死んで行きました」

富太郎の思いは、確かにマキシモヴィッチのもとに届いていた。しかし……。

運命のいたずらとでもいうのでしょうか。東洋の植物を生涯愛した大学者が、日本からの向学心に燃える若き研究者を迎え入れようとしたそのときに、たまたま流行性の病魔に襲われてしまったのです。

ロシア亡命の挫折と、その後の苦難

富太郎の無念やいかに。最後の望みをかけたロシア行きも叶わず。

このときに富太郎が作った漢詩が残っております。結網学人《けつもうがくじん》の号で書かれた「所感」というもので、この漢詩の解釈によって「富太郎は以前からロシア行きを考えていた」という人もいました。

しかし、詳細はよく分からん。そういうことでありましたが、平成12（2000）年、高知の牧野植物園で牧野富太郎記念館開館記念展「牧野富太郎とマキシモヴィッチ　近代日本植物分類学の夜明け」という、やたらに長いタイトルの展覧会が開催された折に、長年の謎が解明されました。

実は、マキシモヴィッチ家にこのときの「聖ニコライからの手紙」が残っていたのです。そして、それがこの展覧会で初めて公開されることになったわけです。

そこで分かったことは、以前から言われていたことを跡付けるような内容でした。

まず、「ニコライからマキシモヴィッチに宛てた手紙」が存在したことで、富太郎がニコライ堂で聖ニコライに会い、マキシモヴィッチへの願いを託したということが事実だと証明された。

さらに、そのニコライが書いた手紙の文面で、富太郎の思いも明らかになった。

「牧野富太郎という土佐出身の純粋で優秀な青年がいる。妻帯者である。ペテルブルグまで行く金はあるが、ロシアに滞在する資金的余裕はない。そちらで就職して植物学の勉強を続けていく意向を持っているので、どうかこの願いを叶えてやってくれないか」

こういう内容が、聖ニコライの筆で縷々《るる》綴《つづ》られていた。

この手紙の存在と内容の公開によって、明治23年の「東大植物学教室出入り禁止事件」から「ニコライ堂の奇跡の出会い」「マキシモヴィッチへの手紙」「幻のロシア行き」といった「噂《うわさ》」の出来事が、すべて事実であったことが証明されました。

それにしましても、歴史にイフはありませんが、もしマキシモヴィッチがインフルエンザに罹患《りかん》せずに富太郎をロシアに迎え入れていたら、その後に、どのような展開が待っていただろうか、と思うと、感慨ひとしおであります。

さて、話を元に戻しますと、最終決断と思われたロシア行きが頓挫したことによって、実際に行き詰まってしまったのは富太郎夫婦です。

ここで動き始めるのが、池野成一郎たち親友の面々。やっぱり、持つべきものは親友。友達はありがたいですね。

池野たちは、富太郎のために駒場にあった東大の分校の農科大学の中に小さな部屋を確保して、そこで勉強、研究を続けられるように取り計らいます。富太郎も大いに感謝する、ということで、いったん騒ぎは落ち着きを見せます。これが明治24（1891）年、富太郎29歳のころのこと。

ところが、このころから土佐からの送金が途絶え始めます。第三章でもちょっと紹介しましたが、浪子おばあさんが亡くなった後も、猶と番頭の井上和之助は一生懸命、東京の富太郎にお金を送っていました。しかし、経済激動の時代の中、岸屋の実態は借金まみれになっていたのです。

富太郎が佐川に帰ってみると、もうにっちもさっちもいかないような状態。腹をくくった富太郎は全財産を処分して金にし、関係者に資産分けをする。このときに猶との婚姻関係の解消もあったのではないかと思われます。

そうして、猶と番頭の井上が結婚するように段取りをして「あとは頼む」と言い残し、自分は米十石分の代金を持って再び東京に向かう。

これで、富太郎への土佐からの送金は一切なくなりました。しかし、富太郎は植物学の道をあきらめず、さらに研究を続けよう、深めようとしているわけですから、誰が見ても苦難の道が待っているのは明らか。

ここから、富太郎と壽衛の、あきれるような貧乏物語が始まります。

第五章

壽《す》衛《え》と富太郎の貧乏物語

再び東大に戻り、助手に

明治24（1891）年から25年にかけての故郷での財産整理も一段落し、暮らしの拠点を東京に定め、研究一筋の道を歩む。改めてそう決意をした富太郎ですが、その明治25年には高知市で「高知西洋音楽会」を主宰して活躍、というトピックスも残しています。

まったく、「道楽な人」というほかはありませんが、このときも例によって「高知に正しい西洋音楽の教育が必要だ」ということで支援しているうちに、自分が主役になり、資金の面倒もみるようになったという次第。

もちろん悪いことではありませんし、「牧野富太郎は高知の音楽教育の先達である」という評価もあります。ただ、妻の壽衛《すえ》にしてみれば「そのご活躍のお金はどこにあるんですか」ということになると思います。

やがて壽衛のおなかが大きくなります。最初の子供、園子という女の子の妊娠でした。

しかし、富太郎はといえば、相変わらず高知をはじめ、あちこちに植物採集に出る。壽衛はその出先に「子供ができたので、お金を送って欲しい」という手紙を再三出す。

壽衛のそうした切々たる手紙が今も残っておりますが、それを読むと胸が詰まる思いがします。しかし、富太郎は自分がやりたいことに熱中する人ですから、これまた相変わらずお金のことにはなかなか関心が向かない。

他方、時期を同じくして東大では、矢田部良吉教授の罷免《ひめん》という、思いもよらぬ事態が起きていました。明治23年に富太郎を植物学教室から追放した、あの矢田部教授です。

そのころの東大は、富太郎に同情的であった菊池大麓《きくちだいろく》教授と矢田部教授が対立関係にあり、また矢田部教授の激烈な性格の影響などもあって、突然の矢田部罷免ということになったようです。

余談ながら矢田部さんのその後を見ると、高等師範の校長を務めていましたが、鎌倉で水泳中に事故死という、これまた思わぬ最期を遂げています。

こういう状況の変化を受けて、富太郎の周りにも違った風が吹き始めます。友人たちが今度は富太郎を東大の植物学教室の助手にしようと各方面に働きかけてくれるのです。ありがたい話です。まあ、それも富太郎独特の魅力があってのことでしょうが、ほんとにこの人は周りに恵まれていますね。

矢田部教授が罷免されたあとの東大植物学教室の主任教授には、助教授であった松村任三が昇進していました。

その松村から富太郎に「植物学教室の助手に採用するから顔を見せるように」という話がありました。

明治26（1893）年9月、牧野富太郎は31歳で東大理学部の助手に採用されます。

ただ、月給は15円。土佐からの送金もなくなった今、これで夫婦、親子が暮らしていけるという金額でないのは明らか。

それでも、富太郎にとっては東大の植物学教室に籍を置けるということが何より。そのことが一番の喜びだったのです。ですから、甘んじて「15円でけっこう」なのです。

彼自身、月給15円で生活できるとは思っていなかったのだろうと思います。あとはまあ、原稿を書いたり講演をやったりで、土佐弁でいうところの「何とかなるろう」であったのでしょう。

「教授」より有名な「助手」

東大植物学教室の助手になったということで、富太郎にとってはまた一つ、研究者、学者としての大きな扉が開かれた感がありますが、実は当時の大学の「助手」というのは、教授の秘書、もっといえば従者のようなものでした。

助手は研究室全体を構成する研究者の一人としては認められてはいるけれど、それは学者の世界の「徒弟制度」の末端であり、大学のヒエラルヒーの底辺を象徴する存在と言っても過言ではないでしょう。

象牙の塔と言われた日本の大学の世界では、教授、助教授、講師、助手というヒエラルヒーが長い間存在していて、大学の中では教授会が絶大な権力を持っていました。

ですから、助手はたとえば教授に「おい、たばこを買ってきてくれ」と言われたら「はい」と言って走り出す。「フラスコを持ってこい」と言われたらすぐ取りに行く。実際、学問に関係ない部分でも、教授の言うことには従わなければならない。それが、大学の研究室の「助手」というものです。

このときの東大植物学研究室の松村任三教授と牧野富太郎助手の関係も、そういうものだったと考えて間違いありません。

そして、普通の「助手」たちは、そこから学者、研究者として大学の世界のヒエラルヒーの階段を一つひとつ昇っていくんだ、という意識を持ってやっていますから、雑事でも何でも、教授の言うことに従います。

しかし、牧野富太郎という「助手」は、そうではない。

この人は、まるで「助手」らしいことを一切やりません。それどころか、植物に関しては、誰よりも詳しい。対外的な学術評価においても、松村教授より牧野助手の方が有名になる事態も起きてくるんですね。

たとえば、あの『日本植物志図篇』のこと。

これは当初、富太郎が自費でやっていて、その石版印刷の図の素晴らしさなどが各方面から絶賛された刊行物ですが、途中で矢田部教授が「それは大学でやるから君の方はやめろ」と言い出したもの。しかも富太郎が「植物学教室出入り禁止」を宣告されるきっかけとなったという因縁がありました。

それがその後、大学主導での出版はあったものの、矢田部教授の罷免で中断されていたわけです。

そこに富太郎が帰ってきた。身分も一応「大学の人」となった。ですから、改めて出されることになった『大日本植物志』という刊行物に彼が関わるのは当然と言えば当然で、富太郎自身も、「これは、俺の仕事」という思いの中で、一生懸命精を出してこの件に関わっていく。

そうすると、これまた当然のように成果が上がり、牧野の名前がどんどん大きくなっていく。新種の発見も、「マキノ」の名前が付いたものが増えていく。

こうなると、主任教授の松村任三は、ちょっと面白くない。まったく、矢田部教授のときと同じ状況が生まれていく。こういうことになりました。

ジェラシーというのは、ほんとに難しいですね。どんな立派な人も、えらい人も、この感情からなかなか自由になれない。人間という生き物は、ほんとに厄介です。

一方、富太郎の方は、自由民権運動時代に培った「人間はみな平等である」という考え方が生き方の根本にある。

さらに、学問的にも「東大の先生方は横綱で、自分は幕下クラス。だから横綱相手に存分にあばれてみたい」という、権力、権威に対する土佐のいごっそうの闘志に似た思いを抱いている。

こうなると、両者の間に溝が生じるのは時間の問題、ということだったのでしょう。

松村は、新発見の植物の学名の最後に「Makino」と入ることなどについても、とうとうこんなことを言い始めます。

「牧野は、売名行為が激しい男です。仕事はできますよ。でも、仕事ができても、それが売名行為ばかりというのはいかがなものか。あれはダメです。ああいう人間はいけませんね」

こういう激しい非難の言葉を、松村は教授会で繰り返したと言います。

仕事に対するダメ出しならまだしも、人格否定のような発言まで出るようになると、ちょっと穏やかではありません。

家計は火の車、窓には赤いハンカチが

矢田部教授も松村教授も、決して悪い人ではありません。ただ、相手が普通に学者世界にいる人間とはかなり違った男だったのが困ったことでした。そして、教授とうまくいかない助手の男の方も、それでは給料が上がるわけがありません。

ですから、牧野富太郎という「東大助手」の月給は、ずっと15円のまま、結局、50歳で「講師」になるまで20年間据え置き。

しかし、ここがこの人の面白いところで、「ここに居《お》ることができるんだから、15円で

もかまわん。無給よりはよい」という感覚。

彼にとって東大植物学教室というところはよほど特別な場所だったのでしょう。ここで資料に囲まれて研究していけるならば、満足、というわけです。

そうはいっても壽衛との私生活を見ると、困窮ぶりは誰が見ても明らか。家計は火の車。富太郎自身も家計について少しは気になっていたようで、一生懸命原稿を書いたり、講演会をやったり、植物好きの人たち（そういう人たちを富太郎自身が育ててきたわけですが）のための観察会、「探草会」「植物同好会」といったグループ指導をするのですが、それでも、焼け石に水。

なぜならば、富太郎が好き放題に本を買ったり、行きたいところに採集旅行に行ったりするからです。特に、本の購入は文字通り「けた外れ」で、「棚ごと買い」と言ってもいいくらいの買いっぷり。

たとえば、神保町《じんぼうちょう》に行って、目を付けた書店に入ると「これ、ください」「あれも、ください」「あ、これも要ります」と言って注文して、荷車で家まで運んでもらう。そういう買い方をする人。

量だけなく、一か月の給料に匹敵するような高価な本、稀覯本《きこうぼん》も平気で買う。『解体新

今、借金取りが玄関にいるという〝しるし〟に赤いハンカチを窓から垂らす。これを見た富太郎は、もう一度町内をくるくる回って、ハンカチが取れたら帰ってくる。

書』もリンネの原書も、欲しいとなったら迷わず買う。

まったく、あきれるくらいでありますが、とにかくお金の計算がまるでできない。例の「乳母《おんば》日傘《ひがさ》」で育った人ですから、お金のことを一つも気にかけない。

たとえば、四女の玉代さんに縁談があったときの話をご本人に直接うかがいましたが、富太郎はどこかに出かけて娘の結婚準備資金を工面してきたらしいのです。しかし、その帰途、本屋に寄ると欲しい本が目に入った。そのとたん、娘のための金が自分の学問のための金にすぐ変わった……。

「あの時は、ほんとに父を恨みましたよ」と玉代さんはしみじみ語っておりました。

こうした、無茶苦茶な本の購入が家計圧迫、大借金の主因ということで、この時点で2千円、現在の価値で2千万円ほどの借金がありました。

家には毎日のように債権者たちが借金返済の催促に来る。いわゆる「借金取り」ですね。

富太郎が家に近づいてみると、窓の外に赤いハンカチが出ている。

実はこれは壽衛が考え出した「借金取り対策」でありまして、窓に赤いハンカチが出ているときは、家に「借金取りが来ている」というサイン。

とことこ帰ってきて、家のちょっと手前でこれを見た富太郎は、近所をぐるぐる回って借金取りたちが引き上げるまで時間稼ぎをする。そんな、まるでドラマのような日々を送っておったわけであります。

その上に、次々と子供ができる。牧野という人は、これまで紹介してきたように「友人」や「周りの人」には非常に恵まれています。ただ、家族といいますか、子供に恵まれたかどうか、そこは微妙なところではないでしょうか。

生涯を通じて富太郎と壽衛の間には十三人の子供ができます。しかし、元気に育ったのは半分以下の六人。他の七人は死産か早世。最初に生まれた園子も、早々に亡くなった子供の一人でした。

牧野の暮れの大八車

「貧乏人の子だくさん」と昔から言いますが、富太郎と壽衛の暮らしぶりはまさにその通りでありました。

友人、知人の間で有名な言葉があります。「牧野の暮れの大八車」。

毎年、年の暮れになると、家賃が払えない牧野家は家主に追い立てられて、大八車に山のような植物標本と本を載せて、家族全員でそれを引っ張りながら引っ越しをしなければならない。これではまるで恒例行事であります。

後年、大泉に家が定まるまで、30回ほど転居したと言われますが、そういう壮絶な貧乏物語を子供たちも経験したわけです。

「我が家では、うどんを食べるのは贅沢《ぜいたく》なほうでしたね」と次女の鶴代さんが語ってくれましたが、そのあとに続いた言葉が今も思い出されます。

「お母さんのことは、あまり言いたくありません。言うのが嫌です。聞かないでください。

年末になると家賃が払えないので追い立てをくらい、山のような書物と標本を積んで一家総出で引っ越しをする。「牧野の暮れの大八車」は有名であった。

思い出すのもかわいそうです」

　涙なしには語れない、そして、涙なしでは聞けない話でありましたが、それだけではなく壽衛は子供たちにいつも富太郎のことを誇りに思うように言い聞かせていました。鶴代さんが教えてくれた壽衛さんの次のような言葉が非常に印象に残っています。

「お父さんの貧乏は恥ずかしい貧乏ではない。日本のために一生懸命にやっているための貧乏なんです。ですから、お前たちは、お父さんのことを悪く言ってはいけませんよ」

　いつもこう言って、子供たちを諭していたそうですから、えらいではありませんか。その言いつけを守る子供たちも健気ですが、もう壽衛なしでは牧野家は成り立たなくなっていたようですね。

自分の外出着がないときは、質屋に行って外出着を借りてくる。そして用を済ませて帰ってきて、また質屋に行って借りたものを返してエプロン姿で家に戻ってくる。牧野家の着物タンスは質屋にある。そういう「壽衛の貧乏物語」の日々がありました。

同じような貧乏物語は、富太郎の方にもふんだんにあります。

たとえば、貧乏のどん底の時には靴もなくなってしまった。そういうときは、袴《はかま》に雨靴を履いて大学に出かけたと言います。変なかっこうでもまるで平気。

富太郎は、基本的にお坊ちゃんですから一流好みです。背広もバリッとしたものがある。それに似合う蝶ネクタイもある。しかし、貧乏暮らしの中では、何着もというわけにはいかないし、夏服と冬服はあるけれど、間の季節の服がない。そういうときには、上着が冬物で、ズボンが夏物といったことにもなりました。

そうしたある日の教室でのこと。

「今日は、私は牧野という名前をやめまして、高山という名前に変えます」

このような、わけの分からないようなことを言って学生の気を引いておいて、

「下が夏で、上が冬でございます。高い山はみなそのようなことになっております」こんなことを言って学生を笑わせておいて、講義に入る。学生たちは大喝采で拍手。植物の知識は教授を上回るうえに、貧乏を逆手に取ったユーモアあふれる牧野助手の授業は、いつも大人気でありました。

「私がしっかりやり抜きます」

壽衛と富太郎の貧乏物語はまだまだ続きます。

借金の返済滞納が続くと、いわゆる「財産の差し押さえ」ということになりますが、あるとき、そのために裁判所の執行官がやってまいりました。

そして、例の封印の赤紙を家のあちこちに貼り始めます。当時は生活に必要な家財道具も差し押さえをしたのでしょう。

そうした中で、執行官が壽衛にたずねます。

「ところで、おたくのご主人が見えませんが、どこにいるんですか」

「あれが主人です」

壽衛が示した先に、ふすまの間から富太郎が背を丸めて何かをしている様子。じっと見てみると、山のような標本にまみれて、富太郎が絵筆を持ってシダの細密画を一心不乱に描いている……。

それは貧乏神もたじろぐような鬼気迫る姿だったのでしょう。差し押さえがあろうが何があろうが、まったく関係ない。典型的な学者の姿です。

執行官は、しばらくの間富太郎の手もとを見つめておりました。そして、こういう浮世離れした人に、現世のしがらみ、借金がどうしたこうしたというような話をしてはいけないのではないか、そんな感慨をうかがわせながら、ふすまを閉めてぽつりとひとこと。

「今日ぐらい自分の仕事が嫌になったことはありませんな」

そして、帰り仕度をしながら、こう続けるのでした。

「ここへ債権者が来ることになっているんだが、今日は同僚が風邪をひいて仕事ができなくなったということにして、私は帰ることにしようと思います。奥さん、あなたも頑張ってくださいね」

鬼のような裁判所の執行官も富太郎の研究に打ち込む姿を見てこころ打たれたという有名な話です。ただ、このころにはちゃぶ台も取られてしまって、仕方なく畳の上に直に茶《ちゃ》碗《わん》を置いて食事をした、そういう家庭生活であったという話が続いてあって、いかに大変な貧乏暮らしであったかということが伝わっています。

あるいは、子供に学校の弁当を持たせてやることもできなくなるようなときもあって、牧野の子供たちはお昼時になると校庭の隅でしゃがんでおった、というすさまじい話も残っておりますね。

また、ある日のこと。小石川植物園に富太郎の講師料を受け取りに行くということになりました。

しかし、それも債権者が待ち構えていて、差し押さえられるかもしれない。そこで、子供ならいくら債権者でも講師料をもぎ取りはしないだろう、というふうに考えて、子供に受け取りの印鑑を持たせて小石川植物園に行かせることにした。

そして、そのお役目の子供も一生懸命印鑑を押してお金を受け取り、債権者たちの足元を潜り抜けるようにして逃げ帰ってきた。そういう切迫した状況もありました。

ほんとうに、笑えるような話ではありませんし、次女の鶴代さんが「お母さんのことは聞かないでください。思い出すのもかわいそうです」と言っていたことが胸に迫ります。

それでも壽衛は、こうした状況の中にあってもいつも、こう言っていました。

「うちには道楽息子が一人いるようなものでございましてね」

そして、富太郎に対しては、このように言って励まし続けたのであります。

「あなたは日本の植物学を研究するためにこの世に生まれてきた人です。そのように神様が生んだ人です。そして私は、あなたの尊い使命を助けるために神様が牧野家につかわされた人間です。ですから、家のことは心配しないでください」

「私も、ご一新で家がめちゃくちゃになりました。これくらいのことで負けはしません。私がしっかりやり抜きます。どうかあなたは心配せずに、学問に力を入れて、一生懸命やってください」

壽衛の奮闘ぶりを伝えるエピソードが残っています。

明治29（1896）年、富太郎が34歳、壽衛は11歳下ですから23歳のころのこと。東大の植物学教室の牧野富太郎助手は、植物採集調査のために台湾出張を命じられます。

このときの富太郎の給料は、15円。そういう生活の人が、「台湾に行くので80円持っていきたい」と言う……。

ときどき、富太郎という人はどういう感覚なのか分からなくなりますが、壽衛は動ぜず、どこでどう調達したのか、100円という金を集めてきて、こう言いました。

「これを持ってお行きなさい」

なかなかのものだと思いませんか。壽衛自身も「借金の達人」になっていたのかもしれませんね。

月給15円で家賃45円の「牧野式」

牧野富太郎という人の金銭感覚は、いったいどうなっているのか。

15円の月給で家賃が45円の家に住んでいたという人です。周りの人は皆、初めからそれは無理だろうと言う。普通の人、常識的な人は当然そう言うでしょう。しかし、富太郎には富太郎の理由がある。

どういうことか。

俺はどうせ借金しなければ生きていけない人間なんだ。長屋住まいをしていて、誰が信用してくれるのか。やはり、きちんとした門構えの家にいなければ人は信用して金を貸してはくれないよ。だから俺は、家賃45円の家を借りているんだ。こういうわけです。

もう、はなから月給が15円だから15円なりの暮らしをしようなどと思っていない。

富太郎の生活スタイルを見ると、膨大な量の本はあるわ、さらに膨大な量の植物標本はあるわですから、もとより六畳二間ほどは必要なわけで、どうしたって長屋暮らしはできないというのは事実だったのでしょう。

しかし、月給15円で家賃45円では、すぐに生活が行き詰まることも分かり切っています。そこで、採草会や植物同好会の会員たちが「今度こういう草を採ったんですが、これはどういうものですか」などと富太郎に鑑定を頼むことが多いことを知っている友人や同僚たちは、「牧野君、鑑定料を取れよ。鑑定料を取ったらずいぶん助かるよ」とアドバイスする。しかし、彼は一切それはやらない。あくまで会員は同好の士、研究の仲間だというわけです。

友人たちは、こうした富太郎のことを「100円の金を50円に使う男」と呼んでいました。100円をまるで50円分の価値のもののように気前よく使う、という意味なのでしょう。実際、例えば書店に行って棚ごと買うような彼の本の買い方一つ見れば分かる話ですが、それは次のような思いに支えられた、彼の確信犯的な生き様の表れだったように思われます。

俺は、小学校しか行っていない。それも2年で中退だ。一方で、研究仲間には東大の教授やら助教授やらがいる。相撲の番付でいえば、向こうは横綱でこっちは幕下だ。それでも俺は裸になって権威のある連中と闘うんだ。

心の底からこういう風に思っているのですから、結論はシンプルです。だから、学問、研究のためにはいくら金を使っても悔いはない。家族が犠牲になっても悔いはない。そういう覚悟で俺はやっているんだ。

こういうことです。

また、俺と教授や助教授の間に学問上の師弟関係はない。学問をする上では平等だ。こういう考え方を基本的に持っていますから、お世話になった先生であっても論文に間違いがあれば平気で指摘し、しかも正そうとする。

この人は、いわゆる「よいしょ」ができないというか、一切しない。そういう世渡りに縁がない。まさに「土佐のいごっそう」、土佐男の一徹、猪突猛進型でもあったということができるのではないでしょうか。

一徹ぶりということは、他の面でも表れてきます。たとえば、植物画を描くときの絵具や用紙。これは、舶来の一番いいものを使う。貧乏だからといって、安い絵具や紙は使わない。絵筆もイタチの毛、ウサギの毛、ネズミの毛、イノシシの毛と、用途別にあらゆる筆を揃《そろ》える。こういう風に、道具にも凝る。出費は惜しまない。

20歳ごろに書いた自分の勉学についての決意表明に「赭鞭一撻《しゃべんいったつ》」があり、その第七条に「当《まさ》に図面を引くを学ぶべし」と記し、その第九条に「ケチな人間は植物学をやってはいかん」と書いていますが、この道具のエピソード一つでも、若いころの考えそのままに生き通してきたことが分かります。

同じように、学問のためにはどんなに金を使ってもかまわない。承知の上、覚悟の上だ。そのようにして、何も怖いものなし、どこの誰であろうとも何の引け目も感じない。堂々と胸を張って歩いていく。

これが牧野富太郎の大いなる魅力であり、そして凄まじく面白いところであります。まあ、蔵書にしても、最後には6万冊ということにまでなりましたが、とても個人の蔵書のスケールではありませんね。

こういう富太郎の破天荒ともいえる生き方、ライフスタイルを、友人や弟子たちは「牧野式」と呼んでおりました。なにか切羽詰まったことがあったときなど、あるいは解決が厄介な案件があったときなど、「よし、牧野式で行くか!」と気勢を上げたそうです。

牧野富太郎、土佐のいごっそう、頑固一徹、天下御免のわがまま者であります。

牧野サポーターに田中光顕、三菱の岩崎家

ただ、こんなことを続けていれば、金が行き詰まる、暮らしが立ち行かなくなるのは火を見るより明らかで、いよいよ2千円、現在の2千万円余りという借金が焦げ付くという事態となりました。

しかし、こういうときにはありがたい友人が出てまいります。本当にこの人は周りに恵まれているといいますか、周りが放っておけないんですね。

このときに登場するのは同郷、土佐の佐川出身で3歳年上の土方《ひじかた》寧《やすし》。土方は東大の法学部教授で、イギリスの民法を日本に取り入れた高名な法学者。この人が東大の総長に掛け合ってくれる。

「牧野は他の助手とはちょっと違うぞ。月給15円じゃ普通は雇えない男だ。給料を上げてやってくれんか」

総長もなるほどと思ったものの、他の助手たちの手前もあり、それでは特別プロジェクトを与えようということになりました。それが『大日本植物志』刊行の大事業につながっ

ていきます。

他にも土方寧は手を尽くして富太郎援助の方法を探り、政財界に幅広い影響力を持つ宮内大臣田中光顕に相談を持ちかけます。これはもちろん、佐川ネットワークですね。佐川出身の田中光顕は幕末から明治維新の激動期を志士として生き抜き、のちに明治天皇の側近として独特の影響力を発揮した人。牧野援助の話を土方から聞いた田中は、この話を三菱の岩崎家に振ります。

どんどん話のスケールが大きくなっていきますが、これは土佐ネットワークということ。まあ、岩崎家が出てきたら、ということで、負債の一切は岩崎家が支払って一気に整理。こうして富太郎の大借金は無事清算されることになりました。しかし、実はこれも、本当は焼け石に水だったかもしれません。

この後も、富太郎の「牧野式」ライフスタイルは変わるわけがなく、借金を重ねながら、壽衛と二人の貧乏物語は続いていきます。

田中光顕や岩崎家に助けられたときの借金は2千円。これは月給15円の百倍以上という大借金でしたが、このあと富太郎と壽衛の人生に、さらにこれを上回る経済的大危機が訪れます。

牧野家は、ひたすら貧乏と学問研究の二正面の戦《いくさ》を闘い続けたわけですが、貧乏との闘いは、ほとんど壽衛ひとりで担当していたと言っても過言ではないでしょう。

実際、次々と子供が生まれますし、そうした中、産後の肥立《ひだち》が芳しくない状態でも借金取りの対応に出掛けたという話も残っています。

次の項では、そうした壽衛の「お金」との闘いのトピックスを辿《たど》ってみたいと思います。

壽衛が「待合」料亭の女将になる

借金取りが家に押しかけてきても富太郎は部屋に閉じこもって植物の標本と本の山に埋もれている。取り立ての対応はすべて壽衛まかせ。そうした暮らしを続ける中で、壽衛の「借金取り」あしらいの腕も上達してきます。

元来、そうしたことに対してもいわゆる「肝《きも》が据わった」女性だったかもしれませんね。言い方は変ですが、そうした客あしらいは「洗練された」という表現が当てはまるようであったと言われています。

借金取りが来ると、丁寧に対応し、相手の話を充分に聞き、話が終わると、おもむろに富太郎の学問研究について語り始め、それがいかに大変なことであり、我が日本にとって重要なことなのかを説いて聞かせ、ついには相手が「これは申し訳ございませんでした」と言って帰っていく。えらいものです。

とはいえ、それで借金が減るわけではありません。月給15円の助手生活を続けていく中、高額書籍の購入は増え続け、採集旅行に出る回数も増え、子供も増え、ともなって借金も雪だるま式に増えていく。

この牧野家のライフスタイルともいえる暮らしぶりは、明治45(1912)年、富太郎が50歳でやっと講師に昇進し、月給が30円になってもほとんど変わりません。つまり、月給倍増ではあるものの、15円ばかりが上がってもとても追いつかないぐらいの富太郎の本の爆買い、行き放題の採集旅行は続いていたわけです。

そうした日々が続いていた大正8(1919)年ごろのある日、壽衛は街中で旧知の女性とばったり出会います。富太郎が講師になってから数年後のことです。

実は、壽衛の母親はかつて京都・祇園《ぎおん》の芸妓《げいこ》であったといいます。明治の元勲たちもそうですが、武士と一流花街の芸妓が一緒になるのはよくあること。壽衛の父と母もそういうことであったのでしょう。

そうした時代の母の同僚であった女性に、壽衛はばったり出会った。そして、懐かしい挨拶をかわすとともに、お互いの近況を報告し合ったのでしょう。

「そうかい、壽衛ちゃんがそんなに苦労をしているとは知らなかったよ」

「おばさん、何とか助けてもらう手立てはないものでしょうか」

こうした会話が交わされる中で、おばさんが渋谷で「待合茶屋」を経営していることが分かりました。「待合茶屋」とは料亭の一種で、客が芸妓を呼んで遊興する場所ですが、当時は政財界の有力者の密談の場としても使われてずいぶんと繁盛しておりました。

おばさんは、そういう商売をしていたのだけれど、年を取ってきてそろそろ引退しようかと思っていたところ。

「よかったら、壽衛ちゃん、あんた、女将《おかみ》をやってみるかい」

おばさんは人生経験豊富な女性として、会話を交わす中で、壽衛の「肝」の据わり方と一種のビジネス感覚のようなものを認めたのかもしれません。

「そうですか。それじゃ、おばさん、やらせてもらっていいですか」

こうして、ひょんなことから壽衛は「待合茶屋」の雇われ女将となります。ただ、この仕事を全うするには、住み込みという形しかやりようがなかったようです。

では、家のことや富太郎の身の回りのことはどうしたのか。これは、子供たちが「がんばる」ということになりました。

こうして何とか事態が動き出して、その結果、そちらの方面の才覚もあったのでしょう。壽衛が女将を務める「待合茶屋」はなかなかの繁盛ぶり。都合、2年ほどこの仕事をやることになりましたが、その間は、牧野家の家計も少しは楽になったことと思います。壽衛と子供たちは大変だったでしょうけれど。

しかし、このことも長くは続きません。「萬朝報《よろずちょうほう》」という新聞が壽衛の仕事について、今でいえばスキャンダル風の記事にしたのです。

「萬朝報」といえば、これも土佐出身の黒岩涙香《るいこう》（周六）が創刊した新聞で、今でいえば政界、財界、教育界のスキャンダル報道を得意とした明治新聞界の一方の雄。「よろずちょうほう」と、ちょっとふざけた名前ではありますが、一時期は幸徳秋水や内村鑑三といった論客を抱え、東京での部数ナンバーワンを誇ったこともあります。

また、黒岩涙香はデュマの『巌窟王《がんくつおう》（モンテ＝クリスト伯）』やユゴーの『噫《ああ》無情（レ・ミゼラブル）』の邦訳で名声を得るとともに、本名で「まむしの周六」と恐れられた辣腕《らつわん》、剛腕のジャーナリストでもありました。

その黒岩が率いる「萬朝報」がこういう記事を出した。

「我が国の最高学府東京大学の講師の妻が水商売。これで学生たちに示しがつくのか」

当時の時代風潮として、女性が入る飲食関係の仕事をちょっと下に見る傾向があったのでしょうが、この記事を東大の教授会あたりが気にし始めた。

富太郎としては、一応「妻がこういうことをやる」というのは届けてあったようですし、妻の仕事と東大と、何の関係があるんだ、という考えだったと思います。

「大学のえらい人などお金に困ったことのない人たちは、すぐに他人のやることにケチをつけるけれど、我が家は何としてもお金を得ていかなければ暮らしが成り立たない。やり玉に挙げられていることは、我が家にとってはまったくの生活の問題なんです」

しかし、結局、理学部長から「牧野君、ちょっとまずいよ。やめさせてくれたまえ」と通告されることになりました。

ちょうど、経営者のおばさんも「自分も年を取ったし、店の締めごろかな」と思っていたとのことで、土地建物もきれいに始末して、壽衛に分配金のような形で何がしかのまとまったお金を渡します。

このお金が、のちに、富太郎晩年の拠点、練馬・大泉の７００坪の家の建築資金になっていくのです。

そして、その「大泉の牧野の家」エピソードも、壽衛の奮闘ぶりを思い出すときの一つの大きなよすがではありますけれど、その話は、またのちの章で。

第六章
牧野富太郎を助けたい

借金大王・牧野、もはやこれまでか

さて、話を元に戻しますと、田中光顕、岩崎家に助けられた後も、牧野富太郎は再三、大変な経済的危機に陥ります。生き方が変わらないのですから、当然と言えば当然の話。

一方で、肩書は「東大助手」のままであるものの、新種のヤッコウソウの発表とか『大日本植物志』などの刊行物の高評価によって、植物学者「マキノ」の名前は世界的に知られていくようになります。もちろん、国内的にも名声は高まり、牧野富太郎は人気学者の一人となりました。

そうして、松村任三教授との軋轢《あつれき》などから20年間も助手を続けてきた富太郎ですが、最終的には松村教授の圧迫はもの凄く、結局、東大助手を罷免されることになります。これが48歳のころのこと。

学歴のない男が、とうとう学歴社会から追い出されたという形ですが、ただ、すでに牧野富太郎の学者、研究者としての社会的名声は確固としたものがあって、翌年の49歳のときには、千葉県立園芸専門学校の仕事をしたり、東京植物同好会が創立されて会長になったりしています。

生活の困窮はあっても、決してこころは折れない。それが牧野富太郎です。

そして、ほどなく、明治45（1912）年、ようやく講師に昇進という形で東大植物学教室に戻ることになります。富太郎はちょうど50歳になっておりました。

このときもありがたいことに、友人たちが富太郎支援に積極的に動いてくれました。友人たちが東大の櫻井錠二《じょうじ》総長に「これほど業績を上げ、名前も知られた牧野をそのままにしておいていいのか」と掛け合ってくれたのです。

櫻井総長も松村教授とのいきさつ込みで理解を示し、「そのまま戻ってもらうというわけにもいかないでしょうから、講師でお迎えしたい」と語った話が伝わっています。

しかし、名声と借金は別物。講師になって月給が15円から30円に上がったとはいえ、それくらいのことではとても追いつかないほど、負債額が膨れ上がっておりました。

大正5（1916）年、富太郎、54歳。普通ならば分別盛り。しかし、この人は、とんでもない額の借金でにっちもさっちも行かなくなります。前年あたりからかなりの苦境に陥っていたのが、この年になって、いよいよの行き詰まり。

負債総額3万円。借金大王・牧野富太郎。何と、現在の価値で数億円。月給30円の百倍になろうかという金額。さすがの富太郎も、もはやこれまで、と腹をくくった……。

どうするか。もう仕方がない。自分には30万点の植物標本がある。日本全国の山野を駆け回って集めた30万点。これを外国に売ろう。それしかない。

日本ではこのような標本を評価してくれるところなどないのだから、ロックフェラーとかアメリカの有力者に売ろう。富太郎は、こう決め、腹をくくったのです。

日立グループの総帥と京大の学生が手を挙げた

「30万点の標本をアメリカに売るしかない」

この思いを、知り合いの農学士で東京朝日新聞の論説なども書いていた渡辺忠吾という人物にふと漏らしてしまったことから話が広がります。

話を聞いた渡辺忠吾は、一種の義憤にかられて、「それは絶対にいかん。牧野の標本が外国に渡ったら、それは日本の恥である。何とかこれを日本で買い支えなくてはいかん」ということになった。

当時の東京朝日新聞の社会部長に山本松之助という人がいて、これがあの有名な長谷川《はせがわ》如是閑《にょぜかん》（山本萬次郎）の兄。渡辺忠吾は、この山本松之助に相談して、牧野富太郎の窮状を東京朝日新聞の記事にすることになりました。

「牧野の標本を誰か助ける人はいないか。誰か日本人でこれを買い支える人はいないか」

このような記事が東京朝日新聞に掲載されました。

そして、大阪朝日新聞の社会部長が山本さんの弟の、かの長谷川如是閑。当時もっともよく知られた新聞人の一人。この人の下で大阪朝日新聞にも同様の記事が掲載されます。

結果、いくら影響力のある新聞の呼びかけとはいえ、さすがにこの高額では、と思われていたところ、二人の篤志家が名乗りを上げました。

一人は久原房之助《くはらふさのすけ》。日立グループの創立者として知られた財界人で、久原財閥の総帥。

この久原が、「よし、それくらいのことならわしが助けよう」と言ってきた。

もう一人は、池長孟《いけながはじめ》という人物。この人は、京都大学法学部の学生でした。ただ、この人は単なる学生というわけではなく、神戸の素封家の息子で、父親が亡くなってかなりの遺産を相続したというタイミング。まあ、3万円ぐらいのことなら何とか出せないこともないだろう、ということで名乗りを上げたという次第。

有名な実業家であり右翼的な政治家でもある男と無名の学生ながら大金持ちのお坊ちゃ

ん。3万円、現在価格で数億円に相当する「牧野援助資金」に手を挙げた二人の、あまりのキャラクターの違いもあって、世間の注目が集まります。

さあ、どちらがという中で、長谷川如是閑の考えが基本だと思いますが、朝日新聞が出した答えはこういうものでした。

「京大生の池長孟くんにお願いしましょう」

牧野の純粋な精神を助けるのは、こちらの方がよいだろう、という判断でした。もちろん、富太郎もこの判断に賛同したものと思われます。

そうして、初めて牧野富太郎と池長孟の顔合わせがあり、富太郎は「義挙」ともいえる池長の3万円提供によって、借金地獄から当面解放されることになりました。

関西にも植物ブームを起こして

この時に池長が考えたのは、自分は植物学者でも何でもないのだから、そんな30万点もの標本をもらってもしようがない、ということ。

「一応、いただきまして、これは全部牧野さんに差し上げようと思っています」

この池長の言葉に対する富太郎の返答がまた、この人らしい。

「いやいや、これはあなたに買ってもらったのだから、いただくわけにはいかん。あなたに持って行ってもらわないといかん」

こう言って、池長の申し出を押し返す。それでは、仕方ありませんね、と池長が引きとって、神戸の会下山《えげやま》にあった正元館という公民館のようなところにその30万点の標本を入れることになりました。

その建物は池長さんのお父さんが所有していたもので、そこに「池長植物研究所」という看板を上げて、富太郎が月に一度訪れて標本の整理を続ける。こういったところで妥協点を見つけようとしたようです。しかも、現在価値で20万円ほどのお車代を差し上げようという好条件。

しかし、牧野富太郎という人は、神戸に来ても標本の整理をするような人ではありません。とにかく、植物を集めるのが好き。日なたで一日中植物を眺めて頭の中に入れているような人ですから、標本の整理などはまるで進まない。

そんなことよりも、関西の植物愛好者を集めて、六甲山に連れていく。皆を連れて登って、探草会、植物採集の方法や研究の仕方などの指導を大いにやる。

基本的に人間データバンクのような博覧強記の人、加えて研究も広く深いというのですから、何を聞いてもまず答えられないことがない。

それも、持ち前の抜群のユーモアとらんまんの笑顔で対応してくれるのですから、受けないわけがない。集まった植物好きの人々は大喜び。ますます植物好きになる。

こうして、牧野の「植物同好会」や「探草会」は大人気となり、植物ファンを広めて、関西にも植物ブームを起こしていったのです。

富太郎が神戸に行くのを楽しみにしたのには、もう一つわけがありました。それは神戸牛。富太郎はお坊ちゃん育ちらしく、うなぎと牛肉が大好物なのですが、神戸にはその牛肉の素晴らしいものがある。そして、富太郎が神戸に行くたびに牧野ファンがこの最上級の神戸牛でもてなしてくれる。これは確かにうれしかったに違いありません。

神戸・会下山の「池長植物研究所」の跡地に続く坂道は、今も「牧野坂」と呼ばれて地元の皆さんに親しまれています。

こうして関西地方や中国地方にも、牧野富太郎は植物観察会や探草会を定着させていった。そのようにして、全国に植物ファンをどんどん広げていった。これも、この人の大きな業績のひとつだと言って間違いありません。

ですから、富太郎の楽しい観察会の思い出とともに、全国各地に自ら「牧野の弟子」と称する方々がたくさんいます。

そういったところで、私が牧野富太郎がテーマの講演会をやったときのこと。話が夫妻や牧野家の貧乏物語に及ぶと、「牧野の弟子」の方々が、みな泣いておりましたね。「先生は、蝶ネクタイをつけて、面白い話をいっぱいしてくれましたよ。それほど貧乏されていたとは知りませんでした。そんな様子はまるでうかがえませんでしたから」「牧野の弟子」の皆さんの涙は、逆にまた、どれほど牧野の植物同好会や探草会が楽しかったか、印象深かったか、魅力的だったかということを私に教えてくれたのでした。

牧野富太郎を助ける著名人たち

その後、池長孟さん及び池長家との間に「標本」をめぐって齟齬《そご》をきたすことがありました。何しろ30万点という数の膨大さ。ある意味、扱いに困るということもあったと思います。

また、池長さんが提供した3万円はあくまで「学者牧野」の負債返済のためだったのに、その一部を富太郎が「遊び」に使ったのではないかという疑義が孟さんの母上を中心に強くあり、「なぜ、あんな変な学者に……」という声がかなり上がっていたようです。

ただ、さまざまな齟齬がありながら、池長さんの支援は壽衛《すえ》が死去するまでずっと続きます。当初に富太郎と交わした契約の中に牧野家支援の一項目もあるにはありましたが、気持ちの一番底には「奥さんがかわいそうだ」という思いがあったのではないでしょうか。人間、人生に大きな出会いというものがありますが、この池長孟さんによって、富太郎は人生最大の窮地を救ってもらった、このことは忘れてはならないでしょう。

結局、この「池長植物研究所」の30万点の植物標本は20数年後の太平洋戦争中、大泉の牧野家に付設する形で作られた「標品館」にそっくり返却されています。

ですから、この標本だけのことで言いますと、富太郎は池長さんにとてもいい一時預り所を作ってもらった、と言ってもいいかもしれません。本当に、ありがたい人にめぐり合ったものです。

ちなみに、この「標品館」という建物は、華道家として一世を風靡《ふうび》した安達瞳子《とうこ》の父で「安達式挿花」を創始した安達潮花《ちょうか》の資金援助があってできたもの。安達潮花は、椿《つばき》や山茶花《さざんか》の愛好家としても知られた人でした。

そしてもう一人、池長家との齟齬があってその支援がストップしたときに、牧野家を支えてくれた人がいます。成蹊《せいけい》学園の創始者である中村春二《はるじ》という人物。当時は成蹊高等女学校の校長を務めておりました。成蹊ですから、岩崎家、三菱との関係も深いのですが、いずれにせよ、明治後期から大正期を代表する教育者です。

先に紹介しましたように、富太郎が東大に出入りし始めたときに友人たちと創刊した『植物学雑誌』という刊行物があります。もともと富太郎が実家岸屋の財産を湯水のごとく使っていたころに自費出版として出し始めた学術誌ですが、実は、この『植物学雑誌』は現在も日本植物学会の国際誌として世界に向けて刊行が続けられています。

この『植物学雑誌』と名前が似ているのでよく混乱するのですが、富太郎は大正5（1916）年、つまり池長さんの支援を受けて大借金地獄から脱出したその同じ年に、『植物研究雑誌』という個人誌を創刊しています。まったく懲《こ》りない人ではありますが、もちろんそんなことができたのも池長さんの支援があったからこそ。

しかし、先のような事情で、池長さんの支援が滞る。さて、困ったぞ。そうしたときに手を差し伸べてくれたのが、中村春二だったのです。

こういう感じで、何か困ると誰かが助けてくれる、なぜかこういうパターンが繰り返されるのですが、富太郎という人は、そうした援助に対して決してといいますか、まるでといいますか、まったく卑屈にならない。気持ちがいいくらい、そうならない。逆に、「快く援助を受けましょう」といった風情さえあります。もうこれは、天稟《てんぴん》、天賦《てんぷ》の才としか言いようがないかもしれませんね。

中村春二の援助も、彼の死去で途絶えることになり、『植物研究雑誌』の存続も危うくなるのですが、そこにまた著名な実業家が援助の名乗りを上げます。

あの漢方の老舗《しにせ》「津村順天堂（現・ツムラ）」の創立者で貴族院議員の津村重舎《じゅうしゃ》という人物です。この人のおかげで窮地を脱した『植物研究雑誌』は、その後富太郎の手を離れて別の発行体制となりましたが、現在まで権威ある学術誌として刊行が続いています。こちらは、現在のツムラが発行元となっていますから、ご縁は続いているということですね。

いずれにせよ、『植物学雑誌』も『植物研究雑誌』も、発行を続けるに値する雑誌だということであり、そのどちらも富太郎が創刊したものだということは、覚えておきたいと思います。

池長孟さんにしろ、安達潮花さんにしろ、中村春二さんにしろ、また津村重舎さんにしろ、皆さん、資金提供。お金を貸してあげたわけではなく、かなりの金額を富太郎に「差し上げて」おります。

たぶん、富太郎とその研究は、そうした著名人の皆さんのロマンを託すに足るものであったのだと思います。それにしても、富太郎はほんとうに周りの人に恵まれました。

こういった方々は、今風に言えば、サポーターの皆さんということになるかもしれません。ただ、そういう意味では、富太郎にとっての一番のサポーターは、やはり壽衛だったということになるのではないでしょうか。

終の住処となる大泉へ

壽衛が「待合」料亭の雇われ女将をやめた、それと前後して関東大震災が発生し、東京を中心に、関東各地に甚大な被害をもたらしました。大正12（１９２３）年9月1日午前11時58分のこと。

マグニチュード7・9の超特大地震によって、東京は壊滅状態に陥りました。とりわけ、下町方面は昼前の食事の準備中ということもあって大火災となり被害が拡大、結局死者・行方不明者10万5千人余という大災害となりました。

このとき、10回、20回という引っ越しを繰り返し、「牧野の暮れの大八車」とまで言われていた牧野家は、渋谷の荒木山という高台の方に住んでおりました。そのおかげで、火災などの被害を受けずに済むことになりました。

数多くの引っ越しの中で、偶然ではありますが、大震災のときにこういう場所に住んでいたという幸運に助けられたわけです。

大震災、大地震に遭遇しながら、家は助かった。では富太郎は、そのとき、どういう対処の仕方をしたのか。9月のはじめですから、まだまだ暑い。富太郎も、裸に近い格好で残暑をしのいでおりましたところに、ぐらぐらッと来た。

時代がかった言い方をすれば「そのとき牧野は少しも騒がず」。早く逃げましょう、という声を脇で聞きながら、こんな経験はめったにできない。どれくらい揺れるのか自分自身で確認するのも科学者の態度である、といった風情で揺れるに任せていたとのこと。

幸いなことに家族も皆、無事、家も壊れもせずに残り、もちろん大量の標本もそのまま残りました。こうした状況を受けて、壽衛が考えたことがあります。

今回は、運が良かったのか、何とか無事に災害を逃れることができた。しかし、多くの東京の街のように火事になっていたとしたら、牧野が半生をかけて集めた貴重な書籍と大事な標本があっという間に失われてしまうかもしれない。日本という国は、こういう地震や災害がいつ起こっても不思議ではないところなんだ。だとすると……。

ここまで考えが進んだら、結論が出るのに時間はかかりません。

こういった渋谷のような街中よりも、もっと広々としたところに移って、そこで家族みんな安全に暮らそう。富太郎には心置きなく研究に専念してもらおう。

大震災から3年後の大正15（1926）年5月3日、牧野家は現在の東京都練馬区東大泉、当時の都下大泉村に引っ越します。富太郎にとっても、これが人生最後の引っ越しとなりました。

引っ越した先は、渋谷などから比べればずいぶんとひなびたところ。武蔵野《むさしの》の雰囲気がそのまま残っておりました。そこに、700坪という土地を地元の農家の厚意によって借りることができたのです。ここにも、思わぬ牧野サポーターがいたというわけですね。

そうして土地の手当てを終えて、先の待合料亭の一件で得た資金をもとに、二階建ての家屋を新築。そこに、植物標本を収納する「標品館」も付設されました。

このとき、牧野富太郎、64歳、壽衛53歳。結婚以来36年目で、初めて持った、本当の

壽衛は東京都北豊島郡大泉町に700坪の土地を借りて二階建ての新居を造り、膨大な本と標本を収納した。結婚して36年目の我が家であった。

「我が家」でありました。

そして、ここが壽衛にとっても富太郎にとっても終《つい》の住処《すみか》となります。

壽衛の死と「スエコザサ」

壽衛が「我が家」新築の話を持ち出したとき、富太郎はびっくりします。そりゃそうですね。ずっと続いた貧乏暮らし。どこにそんな金があるんだ、というわけです。

しかし、そのわけは、ということで、先の「待合」料亭廃業の際の分配金の話などを聞くと、この妻のどこにそんな才覚があったのか、と二度びっくり。

それでも、700坪は広すぎるんじゃないか、と壽衛に問います。すると、即答で返ってきたのがこの言葉でした。

「いやいや、お父さん、あなたが好きな植物を植えなきゃいけないでしょう。標本を入れる標品館も建てなきゃいけないし、大きい本棚も広い書斎も要るでしょう。700坪じゃまだ狭いでしょうけれど、今はこれだけしかお金がありませんから、とにかくこれで辛抱してくださいね」

えらいものですね。壽衛という女性はほんとにえらい。きちんと、お金の使いどころを知っています。

新築の木の香に包まれて、心ゆくまで勉強ができる。富太郎の喜びはいかばかりか、と想像できますし、心底から壽衛に感謝したことでしょう。

このときに練馬・大泉に居を定めることを決めたからこそ、牧野富太郎はそれまで以上に学問研究に打ち込めることになりました。そして、そのことが長寿の中での「世界のマキノ」という大輪の花を咲かせたのだろうと思います。

まさにこれから富太郎と壽衛の「晩年の物語」が綴《つづ》られようとしていたそのとき、子宮がんという病魔が壽衛を襲います。

昭和2（1927）年の秋から札幌で「マキシモヴィッチ生誕100年記念」式典が開催されていて、富太郎は思い出深い人の催事とあってそちらに出かけて講演をしておりました。その帰路、仙台で笹《ささ》の新種を発見します。

新発見というと凄い何かと思いがちですけれど、まあ、素人にはどうということもない普通の笹です。壽衛の容態を気にかけながらの、「植物学者の旅」だったと思います。

そして、壽衛危篤、というとき、富太郎が病床に駆け付けます。その富太郎に壽衛は死の床でこういう言葉を残したといいます。

「あなたをお世話できるのは、今日限りでございます。これまで頑張ってまいりましたが、もう、これ以上はできません」

昭和3（1928）年の2月23日、薬石効なく、牧野壽衛は54年の生涯を閉じます。大泉に居を定めた大喜びの日から、わずか1年ちょっとのことでした。

壽衛の生涯は、まさにと言いますか、文字通りと言いますか、牧野富太郎という稀代の学者にささげたものだったと言えるでしょう。東京下町の小さな菓子屋での出会いから練馬・大泉に終の住処を建てるまで、苦労の上に苦労を重ねながら、すべては富太郎のためにと奮闘を続けた幾星霜でありました。

壽衛の生涯に同情を示した大原富枝さんの小説『草を褥《しとね》に』では、富太郎が「ああ、いまこそ、われわれはお母さんに心からなる感謝を捧げねばならないのだ」と言ったときに、さっと背を向けてこと切れたと、このときの情景を描いています。

いずれにせよ、涙なしには受けとめられない壽衛最期の言葉ですが、富太郎は壽衛の死去に際し、ただただ茫然《ぼうぜん》、茫然自失、という状態になってしまいます。

せめて自分にできることは、と考えたかどうか定かではありませんが、仙台で発見した新種の笹に「Sasaella suwekoana Makino」という学名を付けたのでした。これが、世にいうところの「スエコザサ」であります。

学名に自分の妻の名前を入れる、というようなことを普通はしません。しかし、このときはそれでいい、それでかまわないと思ったのでしょう。そして、壽衛の名前が入った新種の笹を谷中《やなか》のお墓に供えることしかできなかった。伏して拝むしかなかった……。

墓に刻まれた富太郎の献句二句。

家守りし妻の恵みやわが学び

世の中のあらん限りやスエコ笹

壽衛を失ったあと、3か月ほど富太郎は「腑抜《ふぬ》け」になってしまいました。このとき、富太郎66歳。

「このときの父の狼狽《ろうばい》ぶりは忘れられませんね。腑抜けになってしまいました。うつろになってしまいました。私も父の状態をよく覚えておりますが、ぼうーとなったままで何を言っても反応がない。そんなことが3か月ほど続きましたよ」

こうした話を、四女の玉代さんからうかがいました。

それはそうかもしれません。実際、自分の下着がどこに入っているのか分からない。それくらい、お金の算段も含め、実生活のすべてを任せていた。そういう人が逝ってしまったのですからね……。

富太郎の最大、最高のサポーターであった壽衛が亡くなった後、しばらくの間は三女の巳代さんと四女の玉代さんが、さらに晩年は次女の鶴代さんが富太郎を助けていくことになります。

スエコザサは牧野家の庭にも植えられ、「東京都練馬区立牧野記念公園」となった今も富太郎の胸像の周りをしっかり守っています。

GHQのアメリカ人が「あなただけは助けたかった」

日本近代の歴史を振り返ると、大正から昭和になり、やがて戦争の時代となります。ですから大正15年、つまり昭和元年というこのタイミングで郊外の練馬・大泉に転居せずに、以前と同様に借家しながら東京の街中を転々としていたら、太平洋戦争末期の地獄のような東京空襲で貴重な書籍も標本も完全に失われた可能性は大きいと思います。

一応、練馬も都内ではありますが農村的なニュアンスの強い地域ですので、結果的には戦時中の疎開を先取りしていたといってもいいでしょう。あるいは、「先見の明」という言葉がふさわしいかもしれません。

とはいえ、その練馬・大泉あたりにも昭和20年ごろになると空襲激化の影響が及び、牧野家の標品館も一部破壊されるということもありました。逆に言えば、米軍の東京への空爆はいかに凄まじいものであったか、ということです。

結果、牧野家も山梨県に疎開。富太郎は、戦時中の飢餓に苦しんでいる国民のために食用植物の講演をして回ります。「武蔵野の草を食う会」。ヨメナはこうして食べる。ノビルはこう調理すれば食べられる。戦争中に老植物学者ができる、これが精いっぱいのことだったのでしょう。

その戦争も、昭和20（1945）年8月15日の天皇の玉音放送で終わります。日本の敗戦。牧野富太郎、このとき83歳。

そして、アメリカ軍を中心とした連合国軍が日本の占領にやってきます。日本人は彼らのことを「進駐軍」と呼びました。

進駐軍の象徴が軍用車のジープ。昭和22（1947）年のある日、その進駐軍の大きなジープが大泉の牧野家の前に突然あらわれて、中から数人のMP（アメリカ陸軍憲兵）とともに大きなアメリカ人が降りてきたのです。

当時は、進駐軍による「戦争犯罪人」、いわゆる「戦犯」の摘発が続いていました。植物学者牧野富太郎にそういう嫌疑がかかるわけがありませんが、やはり家族は大慌て。富太郎も、わけが分からず震え上がっております。

やってきたアメリカ人はかまわず、靴のままずかずかと入ってきて「牧野博士はいますか。牧野博士はどこにいますか」と大声で呼びかけてきます。

戦後、大きなジープに乗った進駐軍のMPが牧野家に来る。「牧野はどこにいる」「先生、お元気で良かった」と、コロンビア大学のロビンソン教授に抱きしめられる。

富太郎が意を決して、「私が、牧野ですが」と応対に出ると、そのアメリカ人は相好を崩しながら、こう言ったのです。

「おお、あなたが牧野博士ですか！」

そして、「先生、あなたに会いたかった！」と言いながら、彼は富太郎に抱きつきました。

「私は実はニューヨーク植物園の園長をやっておりますロビンソンです」

なんと、その大男は、コロンビア大学教授のV・J・ロビンソン博士だったのです。そして、GHQ（連合国軍最高司令官総司令部）の用務で東京にやってきたとのこと。

「今度の戦争では私はアメリカ人として日本人と命をかけて戦ってきたのですが、植物学者としては日本人の中で牧野博士だけは何とか助けなくてはいけないということだけを念じておりました」

自己紹介と自分の思いの吐露を続けながら、ロビンソン博士は富太郎を訪ねて大泉にやって来るまでの経緯を説明してくれたのでした。

「GHQの仕事が一段落して、今日、日本に来て初めての休暇が取れました。それで、東京中を探し回って、今やっとここに辿りついたわけです。ほんとに、お元気で良かった、良かった」

このアメリカ人植物学者は、小さな日本人老植物学者の手を握りしめながら、その無事をこころの底から喜んでくれました。

こんなところにも一人、牧野富太郎を助けたいと思っていた人物がいたわけです。

第七章

昭和天皇が「牧野は元気にしておるか」と

「植物と心中する男」

終戦後、アメリカ人植物学者が進駐軍のジープで突然大泉の牧野家を訪ねて来たときの話は、岡山県の造り酒屋に嫁がれた西原さんという富太郎のお孫さん、鶴代さんの娘さんの目撃談としてうかがいました。

最初はどうなることかと心配したけれど、彼がやってきた事情はよく分かった。しかし、何の接待もできない。ちょうど甲州のブドウ酒があったものだから、これでも飲んでくださいと言ってこわごわ差し出したことをよく覚えているとのことでした。

このとき、訪ねて来たアメリカ人植物学者が富太郎に「何か困っていることはないか。何か欲しいものはないか。何でも言ってください」と尋ねます。

かたわらで聞いていた牧野家の人々は、当時はすべての日本人が戦後の物資不足、食料難にあえいでいたころですから、「缶詰か何か、そういうものを言ってくれないかな」と思っていたそうですが、富太郎はこう言いました。

「それでは、絵の具をいただきたい」

戦中戦後の食うや食わずの時代、絵の具などというものはいわゆる「不要不急」の品の代表として世の中から消えていたのでしょう。お腹の減り具合よりも、きれいな植物画を描くための絵の具。家族の皆さんはがっかりしたことでしょうけれど……。

いかにも、牧野富太郎らしいエピソードではあります。

いずれにせよ、このときのエピソードのように、アメリカ人も「牧野を助けたい」と思ったということは、「マキノ」の名前が昭和22（1947）年の時点ですでに充分に世界的であったということを物語っています。

実は、壽衛《すえ》が亡くなったころ、つまり新種の笹を発見し「スエコザサ」と命名した昭和3（1928）年ごろから、牧野富太郎の業績は大々的に認められ始め、社会的にも表彰などを受けることが多くなっていました。

ここで、もう一度、植物学者牧野富太郎の足跡をたどっておきたいと思います。牧野の本領は植物学の中でも植物分類学。日本中の山野に分け入って植物、草花を採集研究して、そのすべてにおける国際的な位置づけと命名をしてやろう、ということ。

したがって、子供のころの佐川《さかわ》の裏山、金峰神社や横倉山から始まった山野行が、東大助手、講師の時代には北海道から奄美《あまみ》まで、また、台湾、満州へと踏査地域を広げます。

その山歩き、植物追究の旅は、ときに命がけ。そこから「牧野、超人伝説」「牧野、不死身伝説」が生まれます。

その中からいくつかのエピソードを。

明治36（1903）年8月、東大植物学教室助手であった41歳の富太郎は北海道の利尻《りしり》島に上陸。利尻山を目指します。8月とはいえ、標高1721メートルの北の高山で寒さに震えながら一晩中焚火《たきび》を続けて朝を待ち、翌日、頂上へ。遭難死寸前の状況。

明治42（1909）年、47歳のとき、宮崎県の霧島で集中豪雨に見舞われて遭難寸前。同じくこの年の夏、徳島・剣山《つるぎさん》での植物講習会で、採集に夢中になり山中で行方不明に。

昭和6（1931）年、東京で自動車事故に遭い入院。

昭和15（1940）年、78歳の牧野富太郎は大分県の犬ヶ岳に採集登山。途中、転落して、背骨を2か所ほど折って、生命に関わる重症。

昭和16（1941）年、79歳の富太郎は中国大陸に渡り、体調不良、高熱をおして満州国の桜を調査。徹夜作業で約5千点の標本を作製。

このように、再三生命の危機にさらされながら、傘寿近くまで自分の足で踏査、採草を続け、現役ぶりを発揮した牧野富太郎の足跡は、まさに「植物と心中する男」の面目躍如であります。

65歳の理学博士誕生

牧野富太郎は、学者として実績充分ながら、なかなか「博士」になりませんでした。いや、なろうとしませんでした、というのが正解かもしれません。

紹介しましたように、事情により東大助手を20年も続け、50歳で東大理学部講師になっていますから、その間に論文を書けばすぐにでも「博士」になれた。しかしそうはしない。

たとえば、東大の学生のころから富太郎の親友で、すでに「博士」や「教授」になっていた池野成一郎などは実力を知る富太郎に、いつもこう言っていました。

「牧野、早く博士になれよ」

「講演の謝礼も、原稿の稿料も、博士になっておくと違うぞ」

「肩書がものをいう世の中もあるさ」

貧乏物語の牧野家のことを慮《おもんぱか》ってか、なんとも学者らしくない、俗っぽい話もします。

しかし、富太郎はどうしてもその気にならない。挙句《あげく》に、こんな悪態をつくのです。

「博士、博士言うて、博士に見合う勉強もせん者が何を言うか。そういうやつらは、〃はかせ〃じゃのうて、〃ばかせ〃じゃろう。そんなものの中に入るのはまっぴらじゃ」

例によって、俺は一介のふんどし担ぎ、教授、助教授といった横綱、大関を相手に相撲を取っておるんじゃ、そこに俺の学問の面白さがあるんじゃ、だから、俺は博士にゃならんぞよ、というわけです。

まったくの「いごっそう」ぶりですが、まあ、ここでは、その一徹とか反骨といった要素が意固地、片意地といった偏屈方向にちょっと強く出てしまったように思いますね。

こんな富太郎に対して、池野成一郎はえらい。彼はソテツの精子の発見などですでに有名な植物学者でしたが、牧野のような男をほったらかしておいてはいかん、俺たちで勝手に手続きするからな、ということで牧野の博士号取得プロジェクトを動かし始めます。

そして、早速富太郎が直近に書いた論文を取り寄せて、それで博士号申請をする。すると、すぐに通ってしまう。練馬・大泉に終の住処を構えた翌年の昭和2(1927)年、65歳にての「牧野富太郎理学博士」誕生でありました。

その時に詠んだ七七七五の都々逸《どどいつ》が、次の通り。

昨日今日まで通した意地を捨てにゃならない血の涙

かなりの「いごっそう」ぶりであります。片意地の張り方であります。しかし、もちろん、池野たちの友情は非常にうれしかったはずです。

また、同じくこのときに詠んだ短歌では、この一枚の博士号授与の学位証書があの世の父と母への唯一の土産になるだろう、という意味のことを詠んでいます。

やはり、牧野家の人々に対して、こころのどこかに、自分の学問道楽で家をつぶしてしまったことへの申しわけなさのようなものがあったのでしょうね。

これまでの東大との軋轢《あつれき》などからしても、この博士号には釈然としないものは確かにあったかもしれません。ただ、それだけでなく、うれしい気持ちも富太郎の中にあったということです。万感、胸に迫ります。

「沈む木の葉も流れの具合……」

明治以降、「末は博士か大臣か」という言葉が象徴するように、博士は学術方面での立身出世の一つの頂点と目されてきました。ですから、富太郎の人生の中では、大正15年＝昭和元年の大泉の新居と、翌昭和2年のこの「博士号授与」は、ある意味、長い長いトンネルの向こうに見えた明るい光であったのだと思います。

理学博士学位授与の祝賀会の際、やおらスピーチに立ったのが徳島出身の人類学者、鳥居龍蔵博士。学会や文部省に対してかなり強烈な内容の一席をぶち上げています。

「牧野博士がただいま65歳で厳しい生活を送られていることは、うかがっております。牧野富太郎という博士が誕生したことはめでたいことではありますす。めでたいことではあるが、65歳まで博士ではなかったということは、はたして日本の学界にとって良いことであったのでしょうか。ここに文部省のお役人もたくさん来ておられるけれど、はたしてこれは日本の自慢になることでしょうか」

つまり、独学ゆえに、また小学校中退という学歴ゆえに、学会や大学で冷遇されたり圧迫を受けたりしたことがなかったか、文部省はそういう学術界の現実を知っていたのか、きちんと把握していたのか、的確に対応していたのか、という内容。

この鳥居龍蔵自身も独学の人だけに、かなりリアリティと迫力に満ちたスピーチだったようで、そのことを出席した佐川出身の小説家・編集者の森下雨村《うそん》が語り残しています。

しかし、この光明は、続く昭和3年2月の「壽衛の死」によって暗転します。最愛の妻壽衛を失った富太郎は失意のどん底に落ちました。しかし、そうした状況を救ったのもまた、植物でありました。

立ち直った富太郎は、以降、植物採集の旅の範囲を意欲的に広げ、研究と著作に打ち込みます。そして昭和11（1936）年の秋、待望の『牧野植物学全集』全六巻付録一巻が完成。空前の研究の成果が、ついにこの世に姿を現したのでした。

同年10月10日、学界の名士が集まって「不遇の老学者をねぎらう会」というものが東京会館にて開催されます。会の名前はかなりひねったものになりました。

続いて、翌昭和12年の1月、富太郎の「朝日文化賞」が発表されました。この賞は、現在「朝日賞」と呼ばれているもので、昭和4（1929）年に朝日新聞社が創設した文化的にも社会的にも権威ある賞。「人文や自然科学など、日本のさまざまな分野において傑出した業績を上げ、文化、社会の発展、向上に多大な貢献をした」個人または団体を顕彰するものとされています。

この受賞のときは、さすがに富太郎も率直にうれしかったようで、結網子《けつもうし》の名前で得意の都々逸を一つ残しています。

沈む木の葉も流れの具合浮かぶその瀬もないじゃない

上の七七は自分の半生、下の七五は朝日賞のうれしさ、といったところでしょうか。もう、私の人生は川底にへばりついた木の葉のようなもので、一生浮かぶこともないだろうと思っていたけれど、何かの流れの具合で浮かぶことになってしまって、今、朝日に照らされている、というふうに読むことができると思います。

牧野富太郎75歳。壽衛没後10年。昔からの友人たちは、富太郎の苦闘ぶりや壽衛との貧乏物語を知っておりますから、この都々逸を見て、みな、おいおい泣いた、涙を流して喜んだ。みな、牧野の「本当にうれしい」という気持ちが充分に分かったのでしょうね。富太郎は、嫁さんもえらかったが、いい友達に恵まれました。

学生に大人気の牧野の野外演習

ここまでの話の中で、いくつか結網子という号での富太郎の俳句や都々逸を見てまいりました。このほかに短歌もやります。こうした作品をたくさん作っておりますが、中では、ちょっと重々しくなる短歌よりも、俳句の軽さ、さらに飄々《ひょうひょう》とした味のある都々逸が一番好きだったようです。

そして、飄々とした持ち味、ということで言えば、牧野富太郎の人生そのものも「都々逸人生」であったような気がします。

その「都々逸人生」の代表的なものが、彼の授業だったのではないかと思いますね。大学の講師なのですから、授業をしなければならないのは当然ですが、牧野講師の授業は大学当局には評判が悪かった。なぜか。系統だった話をしないからです。

とにかく、この人は思い付きで授業をやる。自分が今日、この話をしようかな、と思い付いたことから授業が始まる。今日は桜が咲いているから「桜について」。今日はコーヒー豆を持ってきたから「コーヒーについて」。

コーヒーならば、どこが原産地で、どういう分布があって、といったことがすべて頭に入っている。博覧強記。そうして、講義が終わると、フラスコでコーヒーを沸かして、みんなで飲んで、本日はこれまで。それが桜だろうがひまわりだろうが、すべて、こんな調子です。東京大学当局は苦い顔、学生たちは笑い顔。

お猿の巣がある木でもあれば、それに上って「お猿だよ」と真似をして学生を笑わせる。
東大植物学教室の野外演習での富太郎。

特に人気が高かったのが、牧野講師の野外演習。たとえば、学生を連れて高尾山に行く。あるいは多摩川の河原に行く。こうしたときの話がたくさん残っています。

まず、近くの駅に降りると、一同で八百屋にぞろぞろ入っていく。そして、ちょっと店先を借りるよ、と言って講義が始まる。この人参の原産地は……。この西瓜はどういう品種から派生して……。そこに並んでいる商品を一通り説明するところから講義が始まる。

八百屋の親父は、「おいおい、またあの一行が来たよ。商売にならねえぞ」と困惑顔。そこで30分ほど過ごして、はい、ありがとう、さようなら、と言いながら、皆でぞろぞろと山に上がっていく。

山に上がり始めると牧野講師の目がらんらんと輝きだす。興奮して、調子に乗ってくる。途中に猿が棲《す》んでいるような祠《ほこら》がある。そうすると、そこに入って「お猿だぞー」と言って猿の真似《まね》をする。人を笑わせるのが大好きな人。

大きなキノコがあると、それを取って股間にはさんで「俺のはこれより大きいぞ」と言って学生に大受けする。天下の東大生が大喜びする。

そんなことをしながら珍しい植物が出てくると、今度はそこに座り込んで動かなくなる。

「先生、早く行かないと日が暮れますよ」

「ま、ちょっと待て、ちょっと待て」

そうして、富太郎は昔からの親友のようにその草花を撫《な》で、頬《ほお》ずりし、挙句《あげく》はキスをしながら、語りかける。

「よくぞお前はこんなところで生きておったなあ」

もう、1時間も2時間も地面に顔を摺《す》り寄せて動かない。ほったらかされた学生たちは困惑しきり。そんなことも、印象深い牧野講師の授業の一コマでした。

「植物の精かもしれん」

「珍しい植物」と言えば、こんな話があります。

私の高知新聞社時代に、有名な言語学者の金田一春彦《きんだいちはるひこ》さんと親しく会話を交わしたことがあります。金田一さんの東大生時代のお話もうかがいました。

同じ東大生と言っても、金田一さんは文学部で学部がちがう。だから、富太郎の講義に出ても単位にはならないのだけれど、牧野さんの演習は面白いというので行ったことがあるという話です。

もちろん、金田一さん専門の言語学で「植物名の方言」にも興味があったので、というわけですが、行って驚いたのはその博覧強記ぶりだったそうです。

「なにしろ牧野さんは、何を聞かれても平気でペラペラペラペラと植物の話が出てくる。それは凄いのですが、こんな、〝牧野伝説〟もあります。学生たちにちょっと意地悪心が起きまして、友達と相談して、浜昼顔を採って日に干して、元の形が分からないようにしたんです」

「そして、それを牧野さんのところに持って行って、先生、これは何でしょうか、と質問してみた。ちょっと試してみたんですね」

金田一さんの話では、その妙な「珍しい植物」を手にした牧野講師は、ためつすがめつ見ていたが、そのうちにポンと口の中に入れて、歯でカチッと噛《か》んで、葉の液をチュッチュッと吸って、「なーんだ、これは浜昼顔じゃないか」と言って苦笑された、とのこと。

学生が持ってきた奇妙な葉っぱを見て、ひょっとしたら新種か、と思ったかもしれませんが、そこは牧野富太郎、裏表、睨《にら》んで噛んで、すぐ分かる。

一方、いたずらを仕掛けた学生たちの方はどうか。

「一同、恐れ入りました、シャッポを脱ぎました、というわけですよ。姿かたちだけじゃなく、葉の液の味まで知っているなんて！」

牧野さんはえらい。植物に関しては、ほんとにえらい。金田一さんはこう繰り返し語っておりました。

富太郎は、植物や自分の学問をモチーフにして数々の「名言」を残しています。

「私は草木に愛を持つことによって人間愛を養うことができ得ると確信して疑わぬのである」

「私は飯よりも女よりも好きなものは植物ですが、しかしその好きになった動機というものは実のところそこに何もありません。つまり生まれながらに好きであったのです」

「花に対すれば常に心が愉快でかつ美なる心情を感ずる。実に植物の世界は私にとっての天国でありまた極楽である」

「私は植物の愛人としてこの世に生まれて来たように感じます。あるいは草木の精かもしれんと自分で自分を疑います」

「草木は私にとっては唯一の宗教なんです」

「人間に思いやりの心があれば天下は泰平で、喧嘩《けんか》もなければ戦争も起こるまい。故に私はぜひとも草木に愛を持つことをわが国民に奨めたい」

牧野富太郎という人は、植物を尊敬していますね。植物を生かしてこそ人間がある。現代でいうところの自然との共生。あるいは平和のイメージ。こういうことを明治の中ごろから言っておった……。

あの当時、そんなことを言った人は誰もいないでしょう。そういう発想すらないでしょう。まさに、「時代の先覚者」とは、こういう人であろうと思います。

そしてこうして、助手から数えて47年、助教授にも教授にもならず、とうとう大好きな東大理学部の植物学教室を去る日がやってまいりました。

昭和14（1939）年5月25日、牧野富太郎、77歳。東大を講師のまま辞任。

それぞれの人の、それぞれの『牧野の植物図鑑』

昭和11（1936）年の朝日文化賞は、『牧野植物学全集』全六巻附録一巻の出版に対してのものでしたが、牧野富太郎の名声を決定的にした出版物と言えば、昭和15（1940）年に北隆館より刊行された『牧野日本植物図鑑』ということになるでしょう。

昭和15年と言えば、77歳で東大植物学教室の講師を辞任した翌年ですから、そういう意味でも、『牧野日本植物図鑑』は富太郎の学問、研究の集大成と目される出版物です。

ここまでの牧野富太郎の足跡の中でも、トピックスとなるような出版物はいくつも上げられます。言ってみれば、牧野植物学関連本山脈。

日本の図鑑の走りとされる『日本植物志図篇』。植物学教室への出入り禁止から復帰したあとに東大が発行元となって刊行された『大日本植物志』。あるいは『日本羊歯《しだ》植物図譜』、そして『牧野植物学全集』などなど。しかし富太郎自身は、いつも、どの出版物にも満足感を持ったことはなかったのではないかと思われます。つまり、自分の頭の中には、もっともっといい本があるわけです。

それはたぶん、〝牧野植物学関連本山脈〟の主峰となる『牧野日本植物図鑑』についてもそうだったのでしょう。3千種以上の植物が記載された日本の植物図鑑を代表するものであっても、「俺が考えている本はこんなものじゃない」ということです。『牧野日本植物図鑑』が刊行された昭和15年という戦時体制の時代背景を考えると、物資不足の事情もあり、肝心の植物図がカラーではなくモノクロの印刷であったことは仕方がなかったかと思われます。

ただ、仕方がないとは言え、「こんなものではなく、いつか、できれば近いうちにカラー図のものを」などと思うのもまた、牧野富太郎らしいところであるわけです。

私は、こうした「牧野」の本ができ上がっていく過程を知るにつけ、担当した出版社のご苦労に敬意を表したいと思うこと多々であります。

この『牧野日本植物図鑑』にしても、スタートから完成まで約9年という時間をかけ、一流の学者に協力を求め、そのうえで、印刷技術者の経験のある富太郎の厳しい、しつこい、果てしない校正チェックに、よく耐えた出版社もえらい。

何しろ、「牧野の図鑑」はもともと絵柄、植物図がいい。非常に繊細で、かつトリミングがいい。読者が見たいところを見せてくれる。実を割ってみた図とか、根の張り方とか、そういう普通は見えないところを完全に押さえてある。それが「牧野式」。そこが写真よりも分かりやすい、「図鑑」の大きな特長です。

写実的でありながら、牧野的な個性がある「植物図」。それだけに、これは違う、これはここが違う、と言って満足がいくまで校正刷りを要求する。

当然のことながら、そのたびに相当の経費も捻出《ねんしゅつ》しながら、何とかかんとか刊行に漕ぎつける出版社の苦労、苦心は大変なことだったろうと思います。

また、そういう富太郎の思いをしっかり受け止め、「よし、博士がそうならば」ということで、「さらに良い本」を目指すのも、出版社の矜持《きょうじ》というものなのでしょうね。

このあと『牧野日本植物図鑑』は昭和30（1955）年、富太郎93歳のときに『増補版・牧野日本植物図鑑』が出版され、現在も40版以上の刊行を続けているという、驚異的な出版物になっています。

さらに、富太郎没後の昭和36（1961）年には文章を現代表記にして読みやすくした『牧野新日本植物図鑑』、昭和56～57（1981～82）年には『原色牧野植物大図鑑』、平成20（2008）年には『新牧野日本植物図鑑』が刊行されるなど、富太郎の「もっと良い本を」の思いは脈々と受け継がれています。

そして、それらは、それぞれにそれぞれの人の『牧野の植物図鑑』となっているのです。

昭和天皇が「牧野は元気にしておるか」と

学生相手の野外演習だけでなく、牧野富太郎と一緒の観察会や採草会はほんとうに楽しく、面白く、ためになったようですね。

それは、相手が大人でも子供でも、誰でも同じ。

たとえば、相手が子供の場合でも、懇切丁寧な説明で、子供だからといって決して手をぬいたりしない。また、A、B、C、D、違う子がそれぞれ「これ、なんていう花ですか」と言って同じ花を持ってきても、きちんと一人ひとりに答えてくれる。本人にとっては、同じ答えを何度も繰り返すことになるのだけれど、ちっとも厭《いと》わない。

そして、子供にも分かりやすい、印象に残るような話をしてくれる。たとえば、「コマツナギ」の場合。この「コマ」は漢字で書くと「駒」つまり「馬」。しっかり根を張っているから、これに馬をつないでも大丈夫。だから「コマツナギ」と言うのだよ、といった具合。

富太郎本人も、「こういう話をすれば、頭に入りやすいだろう」と話していたとのこと。周りの人たちからも「あんなにえらい先生が、子供たちにあんなに丁寧に、分かりやすく説明をする姿を見て、感動しました。実に尊いと思いました」という声がありました。

さて、ここで、子供相手の話から大人相手の話へ変わりまして、といっても変わり過ぎて恐縮ですが、牧野富太郎と昭和天皇の話を一つ。

昭和23（1948）年、富太郎86歳のときに、「ご進講」の打診が宮内庁よりありました。「進講」とは天皇に対して、その前で自分の専門分野について講義をすることで、学者、文化人にとっては非常な名誉とされています。

このときは、昭和天皇に対して、その前で牧野富太郎が「植物学」の講義をする、ということです。

先に、昭和16年に体調不良、高熱をおして満州に桜の調査に行き、たくさんの標本を作ったという話を紹介しましたが、実は、これは満州鉄道が献上した桜を昭和天皇がことのほか気に入り、「ぜひ、研究を進めるように」というお言葉があったことに端を発した調査旅行でした。

昭和天皇も生物学、植物学の研究者ですから、もちろん牧野富太郎の業績はご存じで、この満州の桜の調査の件もご存じだったと思われます。

そのことがあってのこの「ご進講」かどうかは分かりませんが、昭和23年の10月27日、牧野富太郎は、昭和天皇への御前講義のために皇居に向かいます。そして、吹上御苑《ふきあげぎょえん》を一緒に歩きながら「武蔵野の植物について」のご進講を行いました。

いわば同好の士の二人ですから、そのときに交わした会話は、きっといつもの「牧野の観察会」と同じように楽しいものであったのだろうと思います。昭和21年に「現人神《あらひとがみ》」から「人間宣言」を行って「人間」となった昭和天皇にとっても、実に人間らしいひとときであったのではないでしょうか。

この「ご進講」のエピソードとして、昭和天皇の「あなたは、日本はもちろん世界の植物学界にとって大切な人です。国の宝です」という富太郎への言葉が伝わっています。富太郎の感激も非常に大きかったことは、言うまでもありません。

また、「雑草という植物はない」というのは、富太郎が山本周五郎の問いに対して答えた「名言」と言われていますが、昭和天皇も同じ言葉を「雑草を刈った」侍従に対して語ったと伝えられています。多分、富太郎の先の「名言」を知っておられたのだろうと思われます。

伊藤洋という植物学者で東京教育大（現筑波大）の教授がいますが、この人も高知県出身で牧野富太郎の弟子の一人。シダ類の研究者として、昭和天皇の相談相手でした。伊藤教授が「ご進講」のために参内《さんだい》するたびに、昭和天皇は「牧野の植物図鑑が自分の師匠であると思っている」と語り、ことあるごとにその図鑑を開きながら、「牧野は元気か、元気にしておるか」と尋ねたということです。「牧野の植物図鑑」を開くたびに、昭和天皇の脳裏に吹上御苑での富太郎の言葉がよみがえっていたのかもしれませんね。

昭和31年の夏、病状が悪化した富太郎のもとに、昭和天皇からお見舞いのアイスクリームが届けられました。

90歳で日劇ミュージックホールへ

幼少のころは「乳母日傘」のひ弱な子供だったのが、愛情深いおばあさんのお灸のおかげで元気になり、天性の草花好きに導かれて山野を歩きまわるうちに、誰にも負けない健康体を手に入れた。そして、「不死身」と言われるような幸運も引き寄せた。

さらに、先の昭和天皇への「ご進講」が86歳のときであったことが示すように、身体だけでなく、頭脳も精神も現役感を保ったままであった……。

というのが牧野富太郎の晩年の姿ではなかろうかと思います。21世紀のただいま流布されている言葉で言えば、「健康長寿」。ただの長生きではなく、内容のともなった生き方を全うできる長寿である、ということ。

また、「人生百年時代」という言葉も喧伝されておりますが、牧野富太郎の人生などは、まさにそのロールモデルにぴったりではないかと思います。

そこで、心身ともに「健康長寿」のエピソードをちょっと紹介しておきましょう。

昭和の戦後社会もようやく落ち着きを見せ始めた昭和27年ごろのこと。東京・有楽町に「日劇ミュージックホール」という小劇場ができます。ここは、当時の紹介記事などによりますと「昭和の裸体舞踊表現を代表する施設」でありました。

この舞台では、裸体美を誇る女性たちが舞踊表現を披露するのですが、その中に画家の林武のモデルを務めていた女性も出演していた、そういう時代の話です。

林武は「赤富士」などで人気の高い有名画家ですが、女性や花、風景なども多く描いています。その林画伯が何かの折に「牧野先生、日劇ミュージックホールなどいかがですか」と誘いをかけた。そのころ、90歳前後の富太郎、もともと何にでも興味を持つ人ですから、「それでは」ということになり、早速、林武、富太郎、そして富太郎の四女玉代さんの夫の実業家岩瀬喜七の三人で、かの裸体舞踊表現の殿堂へ。

現地では、林画伯の知り合いの女性もいるし、有名な先生方ということで、楽屋にも入れてくれるし、大歓迎を受けて、富太郎、「これは、えい（土佐弁で良いの意）、これはえいのう」と大喜び。

ところがそこには、ちょうど週刊読売の記者とカメラマンも来ていて、そのことに気がついた林武はさっと身を隠したけれど、富太郎は一人踊り子さんたちに囲まれてニコニコしているところをパチリと撮られてしまう……。

翌週の週刊読売には「ご満悦の牧野博士」といったような見出しとともに、写真もどんと出た。それを見た全国の弟子たちから、「先生、これはちょっといかがなものか」とか「恥ずかしい」といった声が届く。それを聞いた富太郎の言葉。

「植物の研究ばかりではなく、ときにはこういうところに出向いて、青春の回復を図り、青年のような気持ちになって帰って、また翌日から植物の勉強をすればいい。何も悪いことても恥ずかしいことでもない。そんなことだから君たちの学問研究はだめなんだよ」

この話は、富太郎自身も「私の健康法」といったテーマのエッセイに書いていますから、本当に楽しんだのだろうと思いますね。

若いころから多くの悪口や誹《そし》りと闘ってきた老学者にとっては、週刊誌のゴシップ記事など耳にタコのようなものだったのでしょう。

また、同じようなころ、「高知県人会」への出席がありました。高知県人の会となると、それはどうしても大酒の会になる。いっぽう、富太郎は酒は飲めないということで、ほとんど県人会には行かなかったのですが、このときはたまたま出席したのでしょう。

もちろん、県人の長老ですから上席。そこで司会者が「本日は牧野先生がいらっしゃるので、何かひとことといただきたいのですが」と誘います。

そこで富太郎は、にこにこ笑いながら、ひとこと。

「そうですのう。近ごろの若い衆は勉強がちくと（土佐弁で、少し）足りませんぞよ。勉強せにゃいけませんぞよ」

これを聞いたとき、一同、ハハーッと頭をさげた、向こう意気の強い土佐の連中も、さすがに何も言えなかった、とこの会に参加した人から聞きました。

「勉強の鬼のような人から、勉強が足らんと言われたら、恐れ入るしかなかったねえ」

「それにしても、そのときの世界的な大学者の童《わらべ》のような美しい顔を今でも忘れることができません」

こう、その人は感慨深げに語ってくれました。

「標本」がつむぐ物語

富太郎の学者人生のもう一つの主役は、採集し作成し収集した「植物標本」だと言っても過言ではないでしょう。生涯をかけた標本のその数は、なんと約40万点。

青春時代には、これはと思われる標本をロシアのマキシモヴィッチ先生に送って評価をお願いしましたし、赤貧時代には家の大部分を標本が占めていたこともありました。

採集の旅先から新聞に挟まれて押花になった標本が家に送られてくる。それを受け取って広げて乾かす、というのが家族の仕事でした、と次女の鶴代さんが語っておりました。

宅配便などない時代、ときには送られてきた草花が腐っていたりして、うまく乾かせないこともある。

「そういうとき、父は鬼のようになって怒るんです」とも語ってくれました。

普段は「ノンキナトーサン」であっても、こと植物研究に関しては学問の鬼になる、ということだったのでしょう。

自分で精力的に採集旅行に出るとともに、全国にいる弟子たちに採集を依頼して送ってもらう、というのも富太郎の手法の一つでした。依頼はほとんどがハガキ。それが一通や二通ではありませんから封書では切手代がかさむと思ったのでしょうか、あるいは「用件のみ」の簡便さを優先したのでしょうか。

その弟子へのハガキ攻勢が晩年になるといっそう激しくなります。自分が動けないことが多くなるとともにハガキが増える。博覧強記、人間データベースのような人ですから、「あの山のあの谷にはこういうものがあるから採ってくれ」というハガキが届く。

とりわけ、故郷の山野については頭の中に季節ごとの採集場所が刻み込まれている。それも気が急《せ》くのか、一日に同じ内容のハガキが二通も三通もくる。佐川の弟子の方々には「休日はほとんど牧野先生用の採集に使った」という笑い話が残っていますね。

そうして全国から送られてくる標本は、新聞紙に挟まれて押花になっています。富太郎が欲しかったのはその押花ではありますが、実はそうして使われた「全国の新聞紙」が今、改めて貴重な歴史資料になっております。これも一つの功績になるとは、さすがの富太郎も思っていなかったのではないでしょうか。

余談を一つ。富太郎がハガキではなく封書にするときは、封緘《ふうかん》が「◎」になっています。これが「牧野サイン」。ぐるっと巻いて、中心に「の」。つまり、巻き「の」＝牧野。今、高知市の牧野植物園のレストランの人気スイーツに「まきのロール」というケーキがありますが、これも、まさに「の」の字巻きのロールケーキであります。

さらに余談ですが、ある帰郷の際、高知駅への汽車の中でお金をなくして困っている人がいた。それを見た富太郎は財布ごと「これを使いなさい」といって名も言わずに去っていった。翌日、高知新聞を見ると、財布をくれた老人の写真が出ていて、「牧野博士、帰郷」との見出し。その人はびっくりたまげた、という話ですが、その財布にも「◎」マークがついていて、なるほど「まきの」か、と感心したそうです。

困った人を見ると黙っていられない富太郎。しかし、自分が困ったときに助けてくれたのも、膨大な数の標本であった、というのも先に紹介した通り。

にっちもさっちもいかなくなった富太郎を「30万点の標本を買う」形で助けたのが神戸の池長孟さん。現在の価値で数億円にあたる「援助」であったと言われています。ただ、その後の展開は先に紹介しましたように、あまりハッピーなものではありませんした。

その後、昭和の30年代でしたか。池長孟さんの息子さんで摂南大学の教授をされていた池長澄《きよし》さんが牧野の故郷、佐川を訪問され、私がお世話をしたことがありました。

このとき、池長さんは、先のいきさつもあるので佐川の人々がどう迎えてくれるのか、ちょっと心配されていたと思います。しかし、佐川の人々は「牧野先生の危機を救ってくれた大恩人の息子さんがいらっしゃった。これはうれしい」と言ってみな、大拍手でお迎えしたのです。それを受けて池長さんも大喜びで、こうおっしゃいました。

「父の美徳が、今、佐川に来て皆さんにお目にかかってよく分かりました。感無量です」

百歳になお道遠し

「不死身」「超人」をうたわれた牧野富太郎のエピソードの中でもまさかというような、極めつきの話があります。

昭和24（1949）年、87歳になった富太郎は6月のある真夜中、植物画を描き終えて眠りにつくと、そのまま失神状態に陥ってしまったのです。

高知新聞は、こう伝えます。

「牧野博士重体」「6月23日、急性腸カタルにおかされ高熱を発し24日早朝から意識不明に陥り同日重体となった」――ここから、1週間ほど危篤状態が続きます。

宮内庁も、昭和天皇の談話を出します。

「陛下はいつも牧野博士の著書に親しんでおられ旅行先にも必ず携行されるが博士の権威には大いに敬服しておられる。昨年十月七日御研究所を拝観したときも陛下は大層お喜びになって吹上の野草園を御自身で案内して一緒に植物観察をなさったが陛下は博士の重体を聞いて非常にご心配のようでした」

しかし、皆の心配の中、老学者の容態は回復の兆しを見せず、そのままとうとう医師の「ご臨終です」の声を聞くことになりました。

そこで最期の場面、「末期の水を」ということで家族が「遺体」の唇を水を含ませた布で拭き始めます。その水がいくらか唇に溜《た》まったかな、と思ったとき、なんと富太郎の喉《のど》がゴクリとなり、なんとなんと「遺体」が生き返ったのです。

次女の鶴代さんは、このときのことを思い出して「ほんとに父は不死身なんだと思いましたよ」と笑いながら語ってくれました。

この翌年の昭和25（1950）年に「学者の殿堂」といわれる学士院の会員になり、続いて昭和26（1951）年には湯川秀樹、横山大観、志賀直哉らとともに第一回の文化功労者となりました。

「生き返った」牧野富太郎は、多くの名声の中、相変わらず飄々と植物研究を続けておりました。ただ、卒寿の坂を越えると、さすがの「不死身」の富太郎も、次第に床に付くことも多くなりました。それでも、肺炎、発熱、呼吸困難、心臓衰弱などによる度々の危篤をその都度乗り越え、周囲を驚嘆させながら回復し、元の研究の日々に戻るのでした。

93歳を迎えた折に富太郎が年賀状に書いた一句。

百歳に尚《なお》路遠く雲霞　結網子

この年賀状を見た全国の弟子たちから「先生、百まで生きるつもりですか」という祝意とひやかしが混じったような反応が寄せられました。それに応えて富太郎が言った言葉が次の通り。

「おう。わしは百まで生きる。百まで生きるから、まだ七年勉強ができる」

立派な足

草を褥《しとね》に木の根を枕　花と恋して九十年

得意の都々逸にこう詠んで、飄々と生きていながら、それでも90代にして「まだ、せにゃならんことがいっぱいある」「時間が足らん、時間が足らん」と言い続けた富太郎の人生にも、最後のときがやってきます。

昭和32（１９５７）年1月18日、世界的な大学者、好き放題に生きた道楽者、借金大王、自称「草花の精」牧野富太郎は、今、息が途切れるかどうか、という状況にありました。

このとき、「牧野富太郎」は一種の国民的スターと言ってもよいような存在になっておりました。小学校を2年で中退した土佐の田舎の男が、長年東大での不遇な教員生活を送り、硬直したアカデミズムと闘いながら、世界的な学者になった。こういう経緯は、判官《ほうがん》びいきも含めても、日本人が大好きな物語です。今で言うところの、文化人タレントのような一面もあったかもしれません。

このように、誰もが知っている有名人ですから、富太郎の容態は大きなニュースでもあり、牧野家には新聞社や通信社の記者がどっと詰めかけておりました。

共同通信の橋本記者もそうした記者の一人で、二日前から牧野家の二階に泊まりこんでおりました。そして、とうとう「いよいよ、ご臨終です」の声。二階から急いで降りてきて富太郎の遺体と対面した橋本記者は、こんなことを言い出したのです。

「すみませんが、先生の足に触らせてください！」

これに、脇にいた鶴代さんが「どうぞ」と応じて、遺体の足元にまわった橋本記者が得た感慨とは、次のようなことでした。

触らせてもらった富太郎の足は、これが94歳の老人の足であろうかと思われるような、ゴツゴツした立派な足であった。少年のころ、ハタットウ（西洋バッタ）と言われた、手足の細く長い、虚弱な体質の少年であった彼の身体は、永年、天地自然の山に登り、河を渡るうちに、このような立派な足になっていったのだ……。

「私にとっては、終生忘れられない、教訓でした」と橋本記者は語っています。

昭和32（１９５７）年1月18日の午前3時43分、牧野富太郎死去。

94歳9か月の生涯がついに閉じられました。多分、何よりも楽しかったであろう山野行の夢を見ながらの旅立ちだったのではないかと思います。

「植物分類学は標本づくりから始まる」という信念のもと、集めた標本は約40万点、そうして植物の世界に分け入って、新しく名付けた植物が約１５００種。「この世に雑草などという植物はない」と言った富太郎。名付けられた草や花は、きっとこの稀代の植物学者に感謝していることでしょう。

牧野富太郎は「志士」でありました。「志士」とは坂本龍馬や中岡慎太郎のことばかりを言うのではありません。「学問の志士」でありました。牧野富太郎ほど「学問の志士」と呼ぶにふさわしい人はいないと、私は思います。

昭和32年1月の没後に、文化勲章を受章。続いて翌昭和33年には、高知県立牧野植物園、開園。東京都立大学理学部牧野標本館、開館。東京都練馬区立牧野記念庭園、開園。そして、その誕生日4月24日は「植物学の日」となりました。

20歳のころに、自らの学問研究の心得、決意表明として結網子の号で記した「赭鞭一撻」に、「自らの植物園を持つべし」と記し、「天地創造の神があるなどと思うな」と書き留めた牧野富太郎、もって瞑《めい》すべし、であります。

おわりに

谷村鯛夢

今回の「人間・牧野富太郎」伝を語り下ろしていただいた谷是さんは、高知県文化界の重鎮、長老ですが、どの会に行っても谷さんの周りにはすぐ人が集まってきます。高知県の文化をリードする高知新聞に長く在職されて、記事作成や催事の企画・実現に尽力される傍ら、全国的な権威を持つ歴史研究団体「土佐史談会」を中心に郷土史家としても研鑽《けんさん》を積まれ、土佐史談会副会長も務められました。

私も土佐史談会関東支部の一員として、何度も谷さんの講演を拝聴しましたが、その土佐弁交じりの名調子に、毎回感動しておりました。

今回の「人間・牧野富太郎」も、そうした谷さんの名調子講演の大きな柱の一つであったように思います。そこから、この「牧野富太郎生誕160年」という機会を得ての牧野博士の再評価にあたり、谷さんの名講演での「人間・牧野富太郎」を多くの皆さんにお伝えしたいという思いに至り、改めて本書企画の御承諾をいただいた次第。そして、谷さんの名調子を充分に伝えようと全力を尽くして、今、ようやく、筆をおこうとしているところです。

谷さんに語り下ろしていただいた牧野富太郎の生涯を振り返るとき、私には、二つのことがとりわけ印象深く浮かんでまいります。

一つは、高名な言語学者である金田一春彦さんが東大生であったころに牧野講師の謦咳《けいがい》に接した折の「牧野伝説」。学生たちがいたずらでハマヒルガオを変形させて富太郎の観察眼と知識を試そうとしたとき、富太郎はじっくり見たうえで、それを口に入れて噛んで草の液を確かめ、見破ったという話。

富太郎は19、20歳のころに自らの研究生活の決意表明として「赭鞭一撻《しゃべんいったつ》」という書付を作っていますが、この「赭鞭」の意味は中国の伝説の皇帝「神農」が持っている赤いムチ。「一撻」は叩く。神農は薬草の神様で、日本でも薬種問屋の皆さんが祀る「神農祭《しんのうさい》」が俳句の季語にもなっています。その神農が赤いムチで草を叩いて汁を出し、それを口に入れ自らの舌で薬効を確かめたという伝説があります。

この神農の伝説と先の東大の「牧野伝説」を照らし合わせると、草を口に入れた富太郎は神農の伝説をそのまま現代に蘇《よみがえ》らせたのではないか、いや、富太郎は現代の神農ではないか、という思いに至り、ちょっと鳥肌が立ちました。

もう一つは、「牧野式」と言われるその生き様。仏教学者の佐々木閑《しずか》先生はその著書

『出家的人生のすすめ』（集英社新書）の中で、現世的な欲や幸福観とは別の生き方を命がけで追求する人を見て、俗世の人々は尊厳を感じ、ありがたく思い、お供えや寄進をするのだとおっしゃっています。そして、仏教僧だけでなく、本物の学者や芸術家などもある種の「出家」ではないかとして、その「浮世離れした生き方」を意味付けています。

この佐々木先生の指摘が思い浮かんだとき、まさに牧野富太郎と牧野家の「牧野式」の生き方、生き様は「出家」そのものではないか、危機に瀕《ひん》した富太郎に次々と支援者が現れ、まるでそれが自らの歓びであるかのように援助する、寄付するというのもそうしたことか、と得心した次第です。「牧野さんの借用書はいっぱい持っているけれど、請求しようとは思わない」という人はたくさんいる。そんな話も谷さんからうかがいました。

そういえば、富太郎の名言の一つに「植物は私の唯一の宗教である」というものがありました。たしかに、この「宗教」ばかりは俗世の最悪事である戦争などとは無縁のものであろうかと思います。

世界がまだ戦争という俗世の最悪事から脱しきれない今、改めて語り下ろしていただいた谷是さんの「人間・牧野富太郎」伝の中から、富太郎の俗世を超越した「らんまんの笑顔」のすべての意味を受け止めていただければ幸いです。

牧野富太郎・略年譜

文久2（1862）年	誕生	4月24日、土佐国高岡郡佐川村（現・高知県高岡郡佐川町）の裕福な酒造家「岸屋」のひとり息子として生まれる。
慶応4（1868）年	6歳	3歳で父佐平、5歳で母久壽を亡くしたのに続き、祖父小左衛門もこの年に死去。以降、祖母の浪子に育てられる。
明治6（1873）年	11歳	伊藤蘭林の塾で漢学を、名教館で西洋の諸学問を、英語校で英語を学ぶ。
明治7（1874）年	12歳	佐川小学校に入学する。
明治9（1876）年	14歳	小学校の授業に飽き足らず2年で自主退学。文部省掛図「植物図」には興味を示す。『重訂本草綱目啓蒙』などに接し、植物の名前を覚えるとともに、植物採集に励む。
明治10（1877）年	15歳	要請を受けて佐川小学校の臨時教員（授業生）に。
明治14（1881）年	19歳	第2回内国勧業博覧会の見物と顕微鏡や書物の購入を目的として、初めて上京。文部省博物館に田中芳男らを訪ねる。このころ、自由民権運動にも熱中。
明治17（1884）年	22歳	二度目の上京。東大理学部植物学教室への出入りが許される。この年より10年間、東京と佐川の間の往復を繰り返す。
明治20（1887）年	25歳	祖母浪子死去。『植物学雑誌』創刊。
明治21（1888）年	26歳	小沢壽衛と所帯を持つ。『日本植物志図篇』刊行開始。
明治22（1889）年	27歳	大久保三郎とともに日本で初めて新種「ヤマトグサ」に学名を付ける（『植物学雑誌』）。
明治23（1890）年	28歳	東大・矢田部教授より「植物学教室」への出入りを禁止され、ロシアのマキシモヴィッチのもとへ赴く決意をするも、マキシモヴィッチの死去により断念。
明治24（1891）年	29歳	実家「岸屋」の家財整理のため佐川に帰郷。
明治26（1893）年	31歳	東大植物学教室の助手となる。

明治38（1905）年	43歳	生活に困窮し、米国カーネギー財団に支援要請。
明治44（1911）年	49歳	東京植物同好会が創立され、会長に就任。
明治45（1912）年	50歳	東大講師になる。
大正5（1916）年	54歳	借金が莫大な額となり貧窮の極。東京朝日新聞に窮状が報道され、神戸の素封家京大生・池長孟の支援を受ける。
大正15（1926）年	64歳	現在の東京都練馬区東大泉に居を構える。
昭和2（1927）年	65歳	理学博士の学位を受ける。
昭和3（1928）年	66歳	妻、壽衛の死去。新種の笹にスエコザサと命名。
昭和12（1937）年	75歳	『牧野植物学全集』出版により朝日文化賞を受賞。
昭和14（1939）年	77歳	東大に辞表を提出し、講師を辞任。
昭和15（1940）年	78歳	大分県犬ヶ岳で採集中に転落事故。
昭和16（1941）年	79歳	太平洋戦争始まる。満州にて桜の調査。華道家・安達潮花より標品館の寄付を受ける。
昭和20（1945）年	83歳	アメリカ軍機の空爆により標品館の一部に被弾。山梨県に疎開。8月、日本の敗戦により終戦。10月に帰京。
昭和23（1948）年	86歳	昭和天皇に「ご進講」のため皇居に参内。
昭和24（1949）年	87歳	大腸カタルにより危篤に陥るが奇跡的に回復。
昭和25（1950）年	88歳	日本学士院会員となる。
昭和26（1951）年	89歳	第一回文化功労者。文部省に牧野博士標本保存委員会設置。
昭和31（1956）年	94歳	高知市五台山に牧野植物園設立決定。病状悪化、重態となり、昭和天皇よりお見舞いのアイスクリームが届けられる。
昭和32（1957）年	94歳	1月18日、永眠。没後、文化勲章授与。
昭和33（1958）年		高知県立牧野植物園開園。練馬区立牧野記念庭園開園。

◆主な参考文献

『牧野富太郎の本』（高知県牧野記念財団）
『日本植物学の父　牧野富太郎』（佐川町立青山文庫）
『牧野富太郎自叙伝』（講談社学術文庫）
『花と恋して　牧野富太郎伝』（上村登著・高知新聞総合印刷）
『MAKINO』（高知新聞社編・北隆館）

◆著者略歴

谷 是（たに　ただし）

昭和 14（1939）年高知県高知市生まれ。
高知大学文理学部卒。高知新聞社入社後、東京支社副部長、高松支社長などを歴任。この間、「牧野富太郎のすべて展」他を主導。『高知県人名事典・新版』編集委員。退社後、土佐史談会副会長、高知市文化財保護審議会委員などを歴任。著書に『鏡川の流域に生きて―土佐藩典医「はしご灸」の家　谷家の軌跡』ほか。共著に『坂本龍馬全集』『山内容堂のすべて』『炎の軌跡―土佐企業人物語』。編著に『高知県の不思議事典』『高知県謎解き散歩』。講演多数。画家として個展を十数回開催。

谷村鯛夢（たにむら　たいむ）

昭和 24（1949）年高知県室戸市生まれ。
同志社大学文学部卒。女性誌の編集に長く関わった後、出版プロデューサー、日本エッセイストクラブ会員、俳人協会会員、現代俳句協会会員、俳句結社「炎環」同人会会長、中浜万次郎国際協会監事。著書に『胸に突き刺さる恋の句―女性俳人百年の愛とその軌跡』『俳句ちょっといい話』『ジョン万次郎口述・漂巽紀畧　全現代語訳』。共著に『いきいき健康「脳活俳句」入門』。編著に『陰翳礼讃』『茶の本』『邪宗門』『「いき」の構造』ほか多数。本名・和典。

らんまんの笑顔《えがお》

「人間《にんげん》・牧野富太郎《まきのとみたろう》」伝《でん》

2023年3月29日　第1刷発行

著　者　谷《たに》 是《ただし》・谷村鯛夢《たにむらたいむ》

発行者　樋口尚也

発行所　株式会社　集英社

〒101-8050　東京都千代田区一ツ橋2-5-10

電話　編集部　03-3230-6141

読者係　03-3230-6080

販売部　03-3230-6393（書店専用）

印刷所　凸版印刷株式会社

製本所　株式会社ブックアート

編集協力　加藤真理

ブックデザイン　玉井いずみ

ISBN978-4-08-781733-1　C0095